AF746463

www.ingramcontent.com/pod-product-compliance
Lightning Source LLC
LaVergne TN
LVHW051007051026
849532LV00005B/1845

* 9 7 8 9 3 5 8 7 2 3 9 2 2 *

فکرِ دین

(مضامین)

فیض الابرار صدیقی

Fikr-e-Deen *(Essays)*
by: Faiz ul Abrar Siddiqi
Edition: July '2024
Publisher :
Taemeer Publications LLC (Michigan, USA / Hyderabad, India)

ISBN 978-93-5872-392-2
9 789358 723922

کتاب	:	**فکرِ دین** (مضامین)
مصنف	:	**فیض الابرار صدیقی**
جمع وترتیب / تدوین	:	اعجاز عبید
صنف	:	مذہب
ناشر	:	تعمیر پبلی کیشنز (حیدرآباد، انڈیا)
سالِ اشاعت	:	۲۰۲۴ء
صفحات	:	۵۲
سرورق ڈیزائن	:	تعمیر ویب ڈیزائن

فہرست

خود اختیاری موت اور خودکشی

چند مستثنیات کے ماسوا ہر بیماری کا علاج بندہ کے اختیار میں ہے

علاج کے بعد بھی بعض بیماریاں ایسی ہیں جن کا کوئی علاج نہیں۔ اس میں اس کی موت ہے اور دوسرا بڑھاپا۔ موت کسی کی واقع ہونے والی ہے تو کتنی ہی احتیاطی تدابیر اختیار کیوں نہ کرلی جائیں اسے کوئی روک نہیں سکتا اور وہ وقتِ معینہ پر آکر رہے گی۔ اسی طرح بڑھاپے کو بھی کوئی دوا ٹال نہیں سکتی، کیوں کہ بڑھاپا طاری ہی اسی لیے ہوتا ہے کہ اب اس کا کام اس دنیا سے ختم ہو گیا اس لیے اسے بڑھاپے کی منزل میں پہنچا دیا گیا جس میں وہ کچھ دن مبتلا رہ کر اس دنیا سے رخصت ہو جائے گا چنانچہ اللہ کے رسول ﷺ نے فرمایا: اللہ کے بندو! علاج کراؤ اس لیے اللہ عزوجل نے موت اور بڑھاپے کے سوا جو بھی بیماری اتاری ہے اس کے لیے شفا بھی رکھی ہے۔

ایک اور روایت میں ہے کہ اللہ کے رسول ﷺ نے فرمایا کہ: ہر بیماری کا علاج اللہ نے پیدا کیا ہے مگر بڑھاپے کا کوئی علاج نہیں۔

کیا انسان نے بعض بیماریوں کے علاج میں کامیابی حاصل کی ہے؟

باوجود اس کے بعض بیماریاں ایسی ہیں جن کا علاج اطباء ڈھونڈنے میں اب تک ناکام ہیں۔ یہ انسانوں کی کم علمی ہے نہ کہ خالق کائنات کا نقص اسی لیے تو قرآن میں متعدد

مقامات پر اہل ایمان کو مخاطب کیا گیا ہے کہ تم کائنات کی تخلیق پر غور کیوں نہیں کرتے، تم اشیاء کے رموز و حقائق کے جاننے کی کوشش کیوں نہیں کرتے، تم میں اتنا شعور کیوں نہیں کہ تم نامعلوم چیزوں کا علم حاصل کر سکو دنیا نے دیکھا ہے کہ انسان جن نامعلوم چیزوں کے جاننے کی کوشش برابر کرتا رہا اسے ان میں کامیابی مل گئی۔ کینسر جو کسی زمانے میں لاعلاج بیماری تصور کی جاتی تھی آج اس کا علاج تو نہیں البتہ اس کے انسداد کا حل کافی حد تک تلاش کر لیا گیا ہے۔ سینکڑوں مریض دوا کے سہارے آج زندہ ہیں اگر چہ ان کو جان کا خطرہ لگا رہتا ہے یہ کیا کم ہے کہ ان کا عرصہ حیات تنگ نہیں ہوا ہے۔ اگر بیماری پہلے یا دوسرے مرحلے میں ہو اور بر وقت اس اس کا علاج شروع کر دیا گیا تو یہ بیماری بھی ختم ہو جاتی ہے۔ خود اللہ کے رسول ﷺ کو اس بات کا اندازہ تھا کہ بعض بیماریوں کا علاج بھی انسان کی دسترس سے باہر ہے، لہذا آپ نے لوگوں کو اس میں کامیابی حاصل کرنے کی ترغیب دی۔ چنانچہ آپ ﷺ نے فرمایا۔۔:

اللہ نے کوئی بیماری نہیں اتاری مگر یہ کہ اس کی شفا بھی اتاری ہے، جاننے والا اسے جانتا ہے، نہ جاننے والا نہیں جانتا۔

حالات اور وقت کے ساتھ آدمی کی ضرورتیں بدلتی رہتی ہے، پہلے طب میں وہ سہولتیں نہیں تھیں جو آج کے زمانے میں ہیں اور آئندہ بھی مزید سہولیتیں فراہم ہوں گی (انشاء اللہ) جو مریض اور طبیب کے لیے تقویت کا باعث ہونگی چنانچہ علامہ ابن قیم رحمہ اللہ فرماتے ہے کہ۔: رسول ﷺ کا ارشاد ہے "لکل داء دواء" مریض اور طبیب دونوں کے لیے تقویت کا باعث ہے۔ اس میں علاج کے تلاش کی ترغیب بھی ہے، اگر مریض کو یہ محسوس ہو کہ اس کا مرض لاعلاج نہیں ہے بلکہ اس کا علاج ممکن ہے تو اس کا دل امید سے بھر جائے گا اور مایوسی ختم ہو جائے گی اس سے وہ اپنے اندر نفسیاتی طور پر مرض پر

غالب آنے والی توانائی محسوس کرے گا اسی طرح طبیب کو جب معلوم ہو گا کہ ہر بیماری کی اللہ نے دوا رکھی ہے تو تلاش و جستجو اس کے لیے ممکن ہو گی۔

عیادت سے مریض کی صحت کو تقویت ملتی ہے

یہیں سے عیادت کی شرعی حیثیت کا بھی اندازہ لگایا جا سکتا ہے کہ جب کوئی مسلمان کسی مصیبت اور بیماری میں مبتلا ہو تو دوسرے بھائی کو چاہیے کہ وہ اس کی عیادت کے لیے پہنچے اور مریض کو تسلی بخش باتیں سنا کر لوٹے اس سے مریض کی صحت پر اچھے اثرات مرتب ہوتے ہیں۔ کبھی کبھی یہ خیر خواہی مریض کے حق میں اتنی مفید ہوتی ہے کہ کوئی دوا بھی اس کا بدل نہیں ہوتی اور بیمار باتوں باتوں میں اچھا ہو جاتا ہے اور بسترِ مرض سے اٹھ کر چلنے پھرنے لگتا ہے۔ ایسا کرنے سے نہ صرف مریض کے حق میں فائدہ ہوتا ہے بلکہ عیادت کے لیے جانے والے شخص کو بھی اللہ تعالیٰ ڈھیر ساری نیکیوں سے نوازتا ہے۔

حدیث شریف میں ہے کہ:"جو مسلمان کسی مسلمان کی صبح کے وقت عیادت کرتا ہے تو ستر ہزار فرشتے شام تک اس پر رحمت کی دعا بھیجتے ہیں، اگر وہ شام کے وقت اس کی عیادت کرتا ہے تو ستر ہزار فرشتے صبح تک اس پر رحمت کی دعا بھیجتے ہیں اور جنت میں اس کے لیے پھل ہوں گے۔"

ایک دوسری حدیث میں ہے:

"بیشک مسلمان جب اپنے بھائی کی عیادت کرتا ہے تو اس کے وہاں سے واپس ہونے تک وہ جنت کے پھلوں میں رہتا ہے۔"

عیادت نہ صرف یہ کہ اپنے قریب ترین رشتہ دار کی کی جائے بلکہ اس کے مستحق سارے لوگ ہیں۔ بچہ، بوڑھا، جوان، عورت، مرد، پڑوسی، یہاں تک کہ غیر مسلموں

کی بھی کی جانی چاہیے۔ اللہ کے رسول ﷺ کا اس پر کثرت سے عمل رہا ہے۔ یہی وجہ ہے کہ آپ ﷺ نے مسلمانوں کو تاکید کے ساتھ فرمایا: "بھوکے کو کھانا کھلاؤ، مریض کی عیادت کرو، اور قیدی کو چھڑاؤ۔"

بیماری سے گناہ کم ہوتے ہیں

تندرستی کے برقرار رہنے کے لیے ضروری ہے کہ انسانوں کا واسطہ چھوٹی موٹی بیماری سے پڑتا رہے، تاکہ اس کے جسم سے غیر ضروری اجزاء اور فضلات کا اخراج ہوتا رہے۔ اس کا دوسرا فائدہ یہ ہوتا ہے کہ اس کے ذریعہ گناہ کم ہوتے ہیں۔ کیوں کہ اللہ تعالیٰ جس بندے سے خفا ہوتا ہے تو اسے بیماری میں مبتلا کر دیتا ہے تاکہ بندہ نے جو گناہ کیا ہے اس کی مدافعت ہو جائے۔ چنانچہ اللہ کے رسول ﷺ نے فرمایا:

"مسلمانوں کو جو بھی تکلیف پہنچتی ہے یہاں تک کہ اسے کوئی کانٹا بھی چبھتا ہے تو اللہ تعالیٰ اس کے ذریعہ سے گناہوں کو مٹا دیتا ہے۔" اگر کسی مؤمن بندے کو یہ اندازہ ہو جائے کہ بیماری اور مصیبت کے ذریعہ اسے کتنا بڑا فائدہ پہنچنے والا ہے تو وہ یہی چاہے گا کہ ہمیشہ بیماری میں مبتلا رہے۔ جیسا کہ رسول ﷺ نے فرمایا: جو لوگ عافیت میں ہیں، قیامت کے دن جب کہ مصیبت زدوں کو ثواب دیا جائے گا، یہ چاہیں گے کاش! دنیا میں قینچیوں سے ان کی کھالوں کے ٹکڑے ٹکڑے کر دیئے جاتے۔"

ایک دوسری حدیث میں بیماری کو مسلمانوں کے لیے ایک نعمت اور اس کے گناہوں کا کفارہ قرار دیتے ہوئے فرمایا گیا: "جس مسلمان کو کانٹا چبھنے کی یا اس سے بڑی کوئی تکلیف پہنچتی ہے تو اللہ تعالیٰ اس کے ذریعہ اس کی غلطیوں کو اس طرح ختم کر دیتا ہے جیسے درخت اپنے پتوں کو گرا دیتا ہے۔ شیخ عبد القادر جیلانی نے اپنے بیٹے کو نصیحت کرتے

ہوئے فرمایا: مصیبت اور پریشانیوں میں مبتلا ہونے کے بعد رنجیدہ خاطر نہیں ہونا چاہیے بلکہ اسے خدا کا عطیہ اور نعمت تصور کرنا چاہیے اے میرے بیٹے مصیبت تجھے ہلاک کرنے کے لیے نہیں آتی بلکہ تیرے صبر و ایمان کا امتحان لینے آتی ہے۔ نیز اس کا علاج یہ بھی کہ تو سوچ کہ اگر دنیا میں مصائب و محن نہ ہوتے تو بندے عجب و فرعونیت، شقاوت قلبی جیسے امراض میں مبتلا ہو جاتے، جن سے آدمی دنیا میں اور آخرت میں ہر جگہ تباہ و برباد ہو کر رہ جاتا۔ اس لیے یہ تو ارحم الراحمین کا کمال رحمت ہے کہ بعض اوقات وہ مصائب کی دوا استعمال کرا دیتا ہے جن کے باعث امراض سے تحفظ رہتا ہے اور صحت عبدیت قائم رہتی ہے۔ نیز کفر و عدوان اور شرک وغیرہ کے فاسق مادوں کا استفراغ جاری رہتا ہے۔ بس پاک ہے وہ جو ابتلاء کے ذریعہ رحم فرماتی ہے اور انعامات کے ذریعہ ابتلاء میں ڈال دیتی ہے۔

بیماری میں صبر کی اہمیت

اللہ تبارک و تعالی اپنے جس بندے سے زیادہ محبت کرتا ہے اسے اتنی ہی بڑی ابتلاء و آزمائش میں بھی مبتلا کرتا ہے تاکہ اندازہ لگائے کہ میرے بندے کا مصیبت میں کیا رویہ رہتا ہے چنانچہ حضرت ابو ہریرہ سے مروی ہے کہ اللہ کے رسول ﷺ نے فرمایا: اللہ تعالیٰ جس کے ساتھ خیر کا ارادہ کرتا ہے تو اسے مصیبت میں ڈال دیتا ہے۔ اسی طرح کی اور دوسری احادیث بھی ہیں جن سے اسی مفہوم کی وضاحت ہوتی ہے۔ ایسی صورت میں مومن کا رویہ یہ ہونا چاہیے کہ وہ ہر حال میں صبر کرے اور اسے اپنی تکالیف کا مداوا تصور کرے۔ اگر وہ ناشکری اور جزع و فزع کرتا ہے تو وہ اپنی تکلیف میں اضافہ ہی کرتا ہے۔ کیونکہ صبر سے تکالیف میں برداشت کرنے کا داعیہ پیدا ہوتا ہے اور اس سے قوت ارادی

مضبوط ہوتی ہے۔

اللہ تعالیٰ ارشاد فرماتا ہے :اے ایمان والو! مدد طلب کرو صبر اور نماز کے ذریعہ، بے شک اللہ صبر کرنے والوں کے ساتھ ہے، جو لوگ اللہ کے راستے میں مارے جائیں انہیں مردہ مت کہو وہ زندہ ہیں لیکن تم محسوس نہیں کرتے۔ ہم ضرور تمہیں کسی قدر خوف اور بھوک کے ذریعہ اور مالوں، جانوں اور پھلوں میں کمی کر کے آزمائیں گے اور صبر کرنے والوں کو خوشخبری سنادو! جن کو اگر کوئی مصیبت آتی ہے تو کہتے ہیں، ہم اللہ ہی کے ہیں اور ہمیں اسی کی طرف لوٹ کر جانا ہے، ایسے ہی لوگوں پر ان کے رب کی عنایات اور رحمتیں ہیں اور یہی ہدایت یافتہ ہیں۔ (البقرۃ) بعض صحابہ کرام بیماری میں مبتلاء ہوتے تو دوا علاج ترک کر دیتے اور صبر و شکر کو ہی اس کا مداوا سمجھتے تھے جس کی اللہ کے رسول ﷺ نے ممانعت کی اور فرمایا کہ صحت کو تندرست رکھنے کے لیے دوا بھی ضروری ہے اور صبر بھی ضروری ہے، چنانچہ ایک حدیث میں آیا ہے، کہ ایک عورت مرگی کی بیماری میں مبتلا تھی جب اس پر دورہ پڑتا تو اسے اپنے کپڑوں کی خبر نہ رہتی اور وہ بے ستر ہو جاتی تھی اس نے اللہ کے رسول ﷺ سے دعا کی درخواست کی، آپ ﷺ نے فرمایا تم چاہو تو دعا کرو اور چاہو تو صبر کرو، اللہ تعالیٰ اس کے عوض جنت عطا فرمائے گا، اس پر اس نے کہا تب تو میں صبر کرونگی البتہ آپ دعا فرمایئے! کہ دورہ کی حالت میں میری بے ستری نہ ہو، آپ ﷺ نے اس کے لیے دعا فرمائی۔ اس عالم پریشانی میں جو بندہ صبر کرتا ہے اللہ کے نزدیک اس کا مقام بہت بلند ہو جاتا ہے، جیسا کہ باری تعالی کا فرمان ہے :"وہ لوگ جو صبر کرتے ہیں تنگی ترشی اور تکلیف میں اور جنگ کے وقت، یہی لوگ سچے ہیں اور یہی تقوی والے ہیں۔" صبر و شکر کو مؤمن کا خاص وصف قرار دیتے ہوئے اللہ کے رسول ﷺ نے فرمایا:"مؤمن کا معاملہ کتنا اچھا ہے، کہ وہ جس حال میں بھی ہوتا

ہے، وہ اس کے حق میں بہتر ہوتا ہے یہ بات مؤمن کے سوا کسی کو حاصل نہیں ہوتی، اگر وہ مسرت سے ہمکنار ہو تو شکر کرتا ہے یہ اس کے لیے بہتر ہوتا ہے اگر تکلیف پہنچتی ہے تو صبر کرتا ہے یہ بھی اس کے حق میں بہتر ہوتا ہے۔" اللہ تعالی نے اپنے پیغمبروں نبیوں اور نیک بندوں کو بڑی مشکلات، سخت سے سخت بیماری اور آزمائش میں مبتلا کر کے ان کے صبر کا امتحان لیا ہے، مگر وہ ہر حال میں صبر کرتے رہے، جس کے صلہ میں اللہ نے ان کے مرتبے کو بلند فرمایا صبر ایوب سے کون واقف نہیں ہے، حضرت ایوب علیہ السلام مہلک ترین بیماری میں ایک لمبے عرصے تک مبتلا رہے لیکن پھر بھی انہوں نے صبر کے علاوہ کوئی لفظ شکوہ اپنی زبان پر کبھی آنے نہیں دیا اس بیماری میں ان کے تمام قریبی لوگ ساتھ چھوڑ گئے مگر ان کی بیوی اٹھارہ سال تک خدمت کرتی رہیں ان کی تکلیف کی شدت کی وجہ سے بعض اوقات ان کی بیوی بھی کرب والم میں مبتلا ہو جاتی تھی ایک بار بجذبہ ہمدردی ان کی بیوی نے کچھ ایسے الفاظ کہے جو صبر ایوب کے منافی تھے اور خدا کی جناب میں شکوہ کا پہلو لیے ہوئے تھے اس پر وہ اپنی مونس و غم خوار بیوی سے ناراض ہو گئے اور کہا کہ تم نے کفران نعمت کی ہے اس کی سزا میں تم کو ضرور دونگا اس صبر کے صلہ میں اللہ نے ان کے درجات بلند کئے جس کا ذکر قرآن میں اس طرح کیا گیا ہے۔

اور یاد کرو جب ایوب نے اپنے رب کو پکارا کہ مجھے تکلیف پہنچی ہے تو ارحم الراحمین ہے، ہم نے اس کی پکار سنی اور اسے جو تکلیف تھی وہ دور کر دی۔ ہم نے اسے اس کو اہل و عیال دیئے اور اس کے صبر کے ذریعہ نہ صرف دنیوی و اخروی درجات بلند ہوتے ہیں بلکہ اس سے مریض کی صحت پر بھی مثبت اثرات پڑتے ہیں کیونکہ جو آدمی بیماری کی حالت میں صبر کرے گا اسے اپنی تکلیف کا بوجھ ہلکا معلوم ہو گا اور اس کی امیدیں اور نیک خواہشات بر آئیں گی چنانچہ مرض چھوٹا ہو یا بڑا، قابل علاج ہو یا لا علاج ہر حال میں اسلام

نے صبر کی تعلیم دی ہے۔ جو لوگ مذہبی اقدار کی اہمیت نہیں محسوس کرتے ان کے نزدیک یہ ایک بے معنی نصیحت ہے۔ اس سے انسان کے مسائل حل نہیں ہوتے اور وہ ممکنہ تدابیر بھی اختیار نہیں کرتا، لیکن یہ صبر کا غلط تصور ہے۔ صبر اس بات کا نام ہے کہ آدمی مشکلات میں جزع، فزع اور گھبراہٹ کا مظاہرہ نہ کرے، شکوہ شکایت کی جگہ جم کر ان کا مقابلہ کرے جو تدبیریں اس کے بس میں ہوں ان کو پورے سکون کے ساتھ اختیار کرے اور نتیجہ اللہ کے حوالے کر دے، اس سے انسان کی قوت ارادی (will power) مضبوط ہوتی ہے اور آدمی کے اندر خود اعتمادی اور خدا اعتمادی پیدا ہوتی ہے۔ مریض کے اندر مضبوط قوت ارادی ہو تو وہ مرض کا بڑی ہمت اور پامردی سے مقابلہ کر سکتا ہے۔ چنانچہ یہ ایک حقیقت ہے کہ جن مریضوں کی قوت ارادی مستحکم ہوتی ہے وہ مایوس اور بے صبر مریضوں کے مقابلہ میں لمبی زندگی پاتے ہیں۔

موت کی دعا نہیں کرنی چاہیئے

ہر انسان کسی نہ کسی طرح بیماری میں مبتلا ہے بعض بیماری قابل علاج ہوتی ہے تو کوئی لاعلاج اور زندگی بھر وہ کرب والم کی دنیا میں زندہ رہتا ہے، ایسی حالت میں وہ چاہتا ہے کہ اس لاعلاج بیماری اور تکلیف بھری دنیا سے کسی طرح نجات پالے جس کے لیے وہ بعض وقت دعا کرتا ہے کہ اللہ مجھ کو اس تکلیف دہ زندگی سے نکال کر موت دے دے، جو درست نہیں ہے۔ اللہ تعالیٰ اپنے بندوں پر بیماری اسی لیے طاری کرتا ہے کہ اس کے اندر قوت برداشت کا داعیہ پیدا ہو، اللہ کے رسول ﷺ نے ایسی دعا کرنے سے منع فرمایا ہے۔: تم میں سے کسی شخص کو کوئی تکلیف پہنچے تو وہ موت کی تمنا نہ کرے، اگر کسی وجہ سے بالکل ضروری ہو جائے تو اس طرح کہے: اے اللہ! مجھے اس وقت تک زندہ رکھ جب

تک کہ زندہ رہنا میرے حق میں بہتر ہو اور جب موت میرے حق میں بہتر ہے تو موت دے دے، مصائب و مشکلات اور بیماری تو وقتی چیز ہے، یہ کبھی جلد رفع ہو جاتی ہے اور کبھی وقت لگتا ہے۔ اس کا مطلب یہ نہیں کہ آدمی اس کا مقابلہ نہ کرے، اللہ نے انسان کو دنیا کی نعمتوں سے لطف اندوز ہونے اور اپنی عبادت کے لیے پیدا کیا ہے تو پھر کیوں نہ اس کے حکم کی تعمیل کی جائے۔ اگر وہ ایسا نہیں کرتا تو یہ بزدلی ہے اور مومن کے شان کے خلاف اور کفران نعمت ہے۔ اندازہ لگایئے کہ صحابہ کرام رضی اللہ عنہم کے زمانہ میں بعض بیماری کا بہتر علاج گرم لوہے سے داغے جانے کا تھا۔ جس کی تکلیف سے آدمی کی ہڈی چرمرا جاتی تھی باوجود اس تکلیف کے وہ زندہ رہنے کو ترجیح دیتے تھے۔ بعض روایات میں آتا ہے کہ حضرت خباب رضی اللہ تعالی عنہ کو بطور علاج گرم لوہے سے سات داغ لگائے گئے، اس سے انہیں سخت تکلیف ہوئی باوجود اس کے انھوں نے فرمایا کہ اللہ کے رسول ﷺ نے موت کی دعا کرنے سے منع فرمایا ہے ورنہ تکلیف اتنی سخت ہے کہ میں اللہ سے موت کی دعا کرتا۔

یہ تو صحابہ کا عمل تھا، خود اللہ کے رسول ﷺ کو لوہے سے داغے جانے کی تکلیف کا اندازہ تھا۔ باوجود اس کے آپ نے حفظان صحت کے تحت اس کی اجازت دی کہ تم اس طریقہ پر عمل کر کے اپنا علاج کراؤ، جیسا کہ اللہ کے رسول ﷺ نے فرمایا:

شفا تین چیزوں میں ہے، شہد کا گھونٹ پینے، پچھنے کا نشان اور آگ سے داغ لگانے میں۔ میں اپنی امت کو داغ لگانے سے منع کرتا ہوں۔ کون انسان کب تک زندہ رہے گا اور کب اس کی موت ہوگی یہ اللہ ہی جانتا ہے اور زندگی اور موت دینے کا حق بھی اسی اللہ کو ہے، انسان کے بس میں اگر یہ چیز ہوتی تو دنیا کا نظام درہم برہم ہو کر رہ جاتا، انسان کا دنیا میں زندہ رہنا بھی تقویت اور ترقی درجات کا باعث ہے، اسی لیے اللہ کے رسول ﷺ

نے منع فرمایا کہ موت کی تمنا نہیں کرنی چاہیے اس لیے کہ اگر وہ نیک ہے تو امید ہے کہ اس سے اس کی نیکی میں اضافہ ہو گا اور اگر برا ہے تو ہو سکتا ہے کہ وہ اس سے تائب ہو جائے۔

لہذا ہم کہہ سکتے ہیں کہ زندگی اللہ تعالیٰ کا ایک خوبصورت عطیہ ہے جسے اس کی رضا کے حصول اور مرضی کے مطابق ہی استعمال کیا جائے تا کہ اس کی نافرمانی میں اور سب سے اہم بات یہ ہے کہ مسلمان کبھی بھی مایوس نہیں ہوتا کہ وہ ہمیشہ پر امید رہتا ہے کیونکہ مایوسی کفر ہے۔

***

روایات میلاد

تحقیقی تاریخی و تنقیدی جائزہ

رسول اللہ صلی اللہ علیہ وسلم کی پیدائش کے واقعات جو عمومی طور پر کتبِ سیرت و میلاد میں پائے جاتے ہیں ان میں سے اکثر کی کوئی اصل نہیں ہے اور مستند کتب احادیث میں ان کا کوئی ذکر نہیں ملتا اور ان کا اصل ماخذ کتب دلائل معجزات و تاریخ ہیں جن میں صحیح، حسن اور ضعیف ہر قسم کی روایات موجود ہیں۔ ان کتب کی تالیف کا مقصد عمومی طور پر ایسے تمام واقعات کا احاطہ کرنا تھا جس میں صحیح و سقیم، قوی و ضعیف کو مد نظر نہیں رکھا گیا گو کہ تاریخ و سیرت کی کتابوں میں بھی بڑی تعداد میں ضعیف اور منکر روایات پائی جاتی ہیں کیونکہ تاریخ کی کتب میں موجود روایات کے نقد و تحقیق پر مکمل توجہ نہیں دی گئی۔ یہی وجہ ہے کہ دیگر علوم کے اصول کی طرح ابھی تک اصولِ تاریخ وضع نہیں کئے گئے گو کہ ان روایات کا تعلق بھی رسول اللہ صلی اللہ علیہ وسلم سے تھا اصولاً تو احادیث کی طرح ان کی نقد و تحقیق کے اصول وضع کئے جانے چاہیے تھے لیکن اصولِ تاریخ کے نہ ہونے کی وجہ سے ایسی ضعیف اور موضوع روایات کا مکمل رد نہ ہو سکا۔

شاہ ولی اللہ رحمہ اللہ لکھتے ہیں:

ان کتب میں زیادہ تر تو وہی روایات جمع کرنے کا قصد کیا گیا ہے جو حدیث کی مستند کتب میں شامل نہیں کی گئی تھیں یہ روایات عام طور پر قصہ گو واعظین کی زبان زد تھیں جو

ان سے محض رونق محفل کا کام لیتے تھے ان کتب کے مولفین نے اسرائیلیات، قصص و حکایات اور حدیث کے مختلف ٹکڑوں کو حدیث کا درجہ دے کر باقاعدہ کتابوں میں مدون کیا۔ (شاہ ولی اللہ، حجۃ اللہ البالغہ جلد ۱، ص ۱۳۳)

بر صغیر پاک وہند میں جو کتب میلاد ناموں کی حیثیت سے رائج ہیں ان کے ماخذ درج ذیل کتب دلائل و معجزات ہیں

۱۔ دلائل النبوۃ، حافظ ابو نعیم رحمہ اللہ (۴۳۰ھ)

۲۔ دلائل النبوۃ، البیہقی رحمہ اللہ (۹۲۳ھ)

۳۔ المواھب اللدینہ، القسطلانی رحمہ اللہ (۹۲۳ھ)

۴۔ معارج النبوۃ، ملا معین الدین الھروی رحمہ اللہ (۹۰۷)

۵۔ الشفا بتعریف حقوق المصطفیٰ، قاضی عیاض موسیٰ رحمہ اللہ (۵۴۴ھ)

الخصائص الکبریٰ، حافظ سیوطی رحمہ اللہ (۹۱۱ھ)

مدارج النبوۃ، حافظ شاہ عبد الحق دھلوی رحمہ اللہ (۱۰۵۲ھ)

میلاد ناموں کا دوسرا بڑا ماخذ کتبِ سیرت ہیں جن میں قدیم ترین امام ابن اسحاق، علامہ واقدی، ابن سعد، طبری کی کتب ہیں۔ عمومی طور پر متاخرین نے جتنی بھی کتب تالیف یا تصنیف کیں وہ سب بالواسطہ یا بلا واسطہ انہی کتب سے ماخوذ ہیں۔ ان کتب کا اگر تفصیل سے جائزہ لیا جائے تو جو صورتِ حال ہمارے سامنے آتی ہے وہ درج ذیل ہے۔

کتب دلائل معجزات میں حافظ ابو نعیم رحمہ اللہ اور بیہقی رحمہ اللہ کی دلائل النبوۃ بطورِ خاص قابلِ ذکر ہیں کیونکہ بعد میں حافظ القسطلانی نے انہی دو کتب کی روایات کو بغیر نقد اور تحقیق کے اپنی کتاب المواھب اللدینیہ میں جمع کر دیا جس میں صحیح روایات کی

تعداد کم اور ہزاروں موضوع اور ضعیف روایات درج کی گئی ہیں۔ بعد میں ملا معین الدین الھروی رحمہ اللہ نے معارج النبوۃ میں انہی روایات کو فارسی زبان میں بیان کیا چونکہ اس وقت برصغیر کی علمی و معاشرتی زبان فارسی تھی، لہٰذا اس کتاب کی روایات کو پھیلنے میں زیادہ دیر نہ لگی اور برصغیر کی عمومی تاریخ میں یہ ویسے بھی بے راہ روی کا دور تھا جس میں یونانی فلسفہ اور تصوف کی تعلیمات کو اسلام کے نام سے پیش کیا جارہا تھا۔ یونانی فلسفہ اور تصوف میں ہندوانہ افکار کے حاملین صوفیاء نے اس تمام مواد کو اسلام کی طرف منسوب کر کے پیش کیا۔ جس کی وجہ سے میلاد ناموں کی ان ضعیف روایات کو جگہ بنانے میں آسانی ہوئی جن کے ضعف کی سب سے بنیادی دلیل یہ تھی کہ یہ تمام روایات بغیر سند کے بیان کی گئی تھی اور اسرائیلیات، اخبارِ یہود اور بے بنیاد عجیب و غریب روایات و حکایات سے بھرپور تھی، المواھب اللدینیہ اور معارج النبوۃ کے علاوہ دلائل النبوۃ کے نام سے موسوم دونوں کتب بھی غیر معتبر اور موضوع روایات پر مشتمل ہیں چونکہ ان کے مؤلفین نے ان روایات کو بغیر نقد و تحقیق کے قبول کر لیا تھا اور انہیں کتب میں درج کر دیا اور بعد میں آنے والوں نے ان مولفین کی جلالت شان دیکھ کر ان روایات کو بلا نقد و تحقیق قبول کر لیا، ان روایات کو بیان کرنے والے ایسے راوی تھے جو ائمہ جرح و تعدیل کی آراء کے مطابق قطعاً احتجاج و اعتبار کے قابل نہ تھے۔

یہی وجہ ہے کہ حافظ ابو نعیم رحمہ اللہ، تساہل پسندی، موضوع روایات پر سکوت اور روایات کے نقل و جمع کرنے میں شمار ہوتے ہیں۔ حافظ ابو نعیم رحمہ اللہ پر اُن کے ہم عصر حافظ ابن مندہ رحمہ اللہ نے بعض اوقات سخت الفاظ میں تنقید کی جس پر حافظ الذھبی رحمہ اللہ نے میزان الاعتدال میں تحریر کیا: مجھے ان دونوں کا اس سے زیادہ غلطی معلوم نہیں کہ یہ موضوع روایات کو خاموشی کے ساتھ روایت کر جاتے ہیں۔(۱/۵۶)

حافظ ابو نعیم رحمہ اللہ کے بارے میں شیخ الاسلام ابن تیمیہ رحمہ اللہ کتاب التوسل میں بیان کرتے ہیں۔ فضائل اعمال وغیرہ میں جن لوگوں نے کتب تصنیف کی مثلاً ابن السنی اور ابو نعیم وغیرہ ان کی کتب میں بہت سی روایات موضوع ہیں جن پر اتفاق کرنا، اعتبار کرنا، باتفاق العلماء جائز نہیں۔ (ص ۱۹۳)

اور اس کتاب میں ایک مقام پر تحریر کیا کہ وہ فضائل اعمال وغیرہ میں بکثرت روایات بیان کرتے ہیں جن میں صحیح و حسن، ضعیف بلکہ موضوع اور بے بنیاد روایات بھی ہوتی ہیں۔ (ص ۲۰۱)

قاضی عیاض رحمہ اللہ نے اپنی مشہور کتاب الشفاء بتعریف حقوق المصطفیٰ میں ایسی روایات بغیر کسی سند کے تحریر کیں اور یہ بات قابلِ ذکر ہے کہ میلاد ناموں میں پائی جانے والی روایات اس کتاب میں اختصار اور جامعیت کے ساتھ موجود ہیں۔

اس کتاب کے بارے میں شیخ الاسلام ابن تیمیہ رحمہ اللہ نے تحریر کیا:

"اس طرح کی روایات پر شریعت کی بنیاد جائز نہیں بلکہ جمہور مسلمانوں کا اس امر پر اتفاق ہے کہ ان روایات سے دین میں کوئی حجت نہیں لی جا سکتی کیونکہ ان کا تعلق اسرائیلیات سے ہے۔" (۱۹۸)

متاخرین میں سے سب سے معروف کتاب جو حافظ سیوطی رحمہ اللہ کی تالیف الخصائص الکبریٰ ہے۔ سابقہ کتب اور اس کتاب میں یہ فرق ہے کہ سابقہ کتب کا اکثر حصہ ضعیف و موضوع روایات پر مشتمل ہے جس میں سند کا کوئی اہتمام نظر نہیں آتا، لیکن اس کتاب کے ماخذ اس کتاب کو سابقہ کتب سے بہتر ثابت کر رہے ہیں جن میں صحاحِ ستہ یعنی بخاری، مسلم، ابو داود، نسائی، ابن ماجہ، جامع ترمذی کے علاوہ طیالسی، حاکم، ابو یعلیٰ، بیہقی، ابو نعیم، ابن السعد، طبرانی، ابن شاہین، ابن النجار، ابن مندہ، ابن

عساکر، دیلمی، خرائطی، اور خطیب بغدادی رحمہم اللہ کی معروف کتب شامل ہیں۔ لیکن جب اس کتاب کے مندرجات کا جائزہ لیا جاتا ہے تو معلوم ہوتا ہے کہ حافظ سیوطی رحمہ اللہ نے اس کتاب میں ضعیف، موضوع، صحیح، سقیم ہر قسم کی روایات بغیر اسناد کے درج کر دی ہیں اور ایک حیران کن امر یہ ہے کہ حافظ سیوطی رحمہ اللہ نے ان کتب میں بعض ایسی روایات کو بھی درج کر دیا جو ان کے نزدیک ضعیف تھیں یا جن روایات کی بابت انہیں علم تھا کہ یہ ضعیف ہیں لیکن تساہل پسندی والا قاعدہ استعمال ہوا اور متقدمین کی کتب سے ماخوذ واقعات اس کتاب میں درج کر دیئے گئے۔ چنانچہ میلاد ناموں کے حوالے سے حافظ ابو نعیم رحمہ اللہ کے حوالے سے کچھ واقعات کا ذکر کرنے کے بعد لکھتے ہیں:

اس روایت میں اور اس سے قبل کی روایت میں شدید قسم کی نکارت پائی جاتی ہے میں نے اپنی کتاب میں اس سے زیادہ منکر روایات درج نہیں کی گو کہ میرا دل ان روایات کو درج کرنے پر آمادہ نہ تھا لیکن حافظ ابو نعیم رحمہ اللہ کی پیروی میں ایسا کیا۔(ج ۱/ ص ۴۹)

اور جن روایات کی بابت حافظ سیوطی رحمہ اللہ یہ تحریر کر رہے ہیں وہ روایات ابو نعیم رحمہ اللہ کی مطبوعہ دلائل النبوۃ میں موجود ہی نہیں ہیں۔

روایات میلاد کے حوالے سے بر صغیر میں سب سے اہم ترین کتاب شاہ عبد الحق محدث دھلوی رحمہ اللہ کی مدارج النبوۃ ہے جو کہ فارسی زبان میں ہے اس کتاب کا منہج بھی حسب سابق ہے یعنی روایات بغیر سند کے درج کی گئی ہیں اور ہر قسم کی روایات بلا تعدد و تحقیق شامل تحریر کر لی گئی روایات میں ایک بڑا ماخذ کتب سیرت ہے جس میں ابن اسحاق، واقدی، ابن سعد اور طبری کی کتب شامل ہیں۔ ان میں واقدی پر شدید جرح کی گئی ہے بلکہ محدثین نے واقدی سے ترک روایت کو ہی مستحسن خیال کیا ہے۔ (تذکرۃ

الحفاظ، ذھبی ج ۱/ ص ۳۱۸)

واقدی کے علاوہ ابن اسحاق پر بعض علماء نے جرح کی ہے جس کی وجہ غالبا یہی ہے کہ محدثین نے روایات حدیث میں ابن اسحاق پر زیادہ اعتبار نہیں کیا اور اسی وجہ سے امام بخاری رحمہ اللہ نے اپنی صحیح میں کتاب المغازی کے ابواب میں ابن اسحاق سے ایک بھی روایت بیان نہیں کی، لیکن ایک بات اہم ہے کہ ابن اسحاق، طبری، ابن سعد کی جلالت شان کہیں بھی یہ مفہوم بیان نہیں کرتی کہ ان کی کتب صحیح ہیں بلکہ ان تینوں کی روایات میں ضعیف اور منکر روایات بھی شامل ہیں مثال کے طور پر سیرت ابن اسحاق کے بارے میں امام ابن حبان رحمہ اللہ نے تحریر کیا: وہ روایت نقل کرنے میں فحش غلطیوں کا ارتکاب کرتے تھے اور کثیر الوھم تھے اور اگر وہ روایت کو تنہا نقل کریں اس سے احتجاج جائز نہیں۔ (تہذیب التھذیب، ابن حجر العسقلانی ج ۲/ ص ۳۷۶)

اور ابن سعد امام واقدی رحمہ اللہ کے شاگرد خاص ہیں اور ان کی نصف سے زائد روایات واقدی سے ہی اخذ کی ہوئی ہیں، جنہیں محدثین نے ضعیف قرار دیا ہے اور ابن سعد کی واقدی سے بیان کردہ روایات کے علاوہ باقی روایات بھی ایک کثیر تعداد غیر ثقہ راویوں سے بیان کی گئی ہیں۔ (شبلی نعمانی، سیرت النبی ج ۱/ ص ۴۹)

کتب سیرت میں ضعیف روایات کی کثرت کی معروف وجہ تو یہ ہے کہ سیرت میں کسی بھی واقعہ کی تمام تر جزئیات صحیح روایات سے نہیں مل پاتی، لہٰذا واقعات کے ایسے مقامات جو صحیح روایات میں بیان نہیں ہوئے وہ مجبوراً ضعیف اور موضوع روایات سے اخذ کئے جاتے ہیں اور دوسری وجہ حدیث کی صحت میں سب سے بڑی وجہ اتصال سند ہے اور تاریخ میں اتصال سند کی کوئی شرط نہیں اور اتفاقا میلاد نامے کی جتنی بھی روایات کتب سیرت میں پائی جاتی ہیں ان تمام میں اتصال سند کی شرط نہیں پائی جاتی۔

تیسری وجہ جو صحتِ حدیث میں اہم ہے وہ راوی کا ثقہ ہونا ہے جبکہ میلاد ناموں کی روایات میں رواۃ کی ایک بہت بڑی تعداد ضعیف اور منکر ہے۔

چوتھی وجہ کتب سیرت کے مولفین کا یہ فہم تھا جس کے تحت روایات کی تعداد تحقیق ضرورت اس وقت پڑتی ہے جب احکام و مسائل پر مبنی روایات اور احادیث سامنے ہوں اس سے ہٹ کر روایات میں نقد و تحقیق کی کوئی ضرورت نہیں یہی وجہ ہے کہ مذکورہ بالا کتب میں صحیح روایات کے ساتھ ضعیف اور موضوع روایات کی ایک بہت بڑی تعداد جمع ہو گئی ہے، جس کا سب سے بڑا مظہر میلاد نامے ہیں اور حیران کن امر یہ ہے کہ اس مرجوع منہج کو اختیار کرنے والوں کی فہرست بعض نام مثلاً حاکم، قاضی عیاض، حافظ سیوطی، حافظ موسیٰ المدینی، ابن عساکر، خطیب البغدادی رحمہ اللہ اجمعین وغیرہم کبار محدثین میں شمار ہوتے ہیں گو کہ شیخ الاسلام ابن تیمیہ نے اس کی ایک توجیہہ بیان کی:

ان روایات کے بیان کرنے سے ان کی یہ غرض ہوتی ہے کہ مطلوبہ واقعہ میں موجود جو کچھ بھی مرویات میں پایا جائے وہ لوگوں کے سامنے لایا جائے اور ان کا مقصد ان روایات سے استدلال نہیں ہوتا تھا۔ (کتاب الوسیلہ ص ۲۰۲)

اگر امام ابن تیمیہ رحمہ اللہ کی اس توجیہہ کو مد نظر رکھا جائے تو جو صورت حال سامنے آتی ہے، وہ یہ ہے کہ کتب تاریخ و سیرت کے علاوہ ایسی روایات کتبِ تفسیر وغیرہ میں بھی کثرت سے پائی جاتی ہیں۔ لیکن سوال پھر بھی موجود ہے کہ فرمانِ رسول صلی اللہ علیہ وسلم " سنی سنائی بات کو بیان کرنا کذب بیانی ہے " کے باوجود کتب تاریخ میں ایسی روایات کے بیان کرنے میں تساہل پسندی کیوں کر ممکن ہوئی اور یہ خیال اور تصور کس طرح ایک فہم اختیار کر گیا کہ نقد و تحقیق اور احتیاط پسندی صرف احکام و مسائل پر مبنی روایات میں ضروری ہے۔

اس تمہیدی سطور کے بعد یہ بات کہنا آسان ہے کہ جب میلادناموں پر مبنی کتب کی روایات کا جائزہ لیا جاتا ہے تو یہ حقیقت سامنے آتی ہے کہ ان کا سب سے بڑا ماخذ حافظ ابو نعیم، ابن عساکر، امام طبری اور سیوطی رحمہم اللہ وغیرہ کی کتب ہیں۔ روایات کے ضعف کے لئے یہی کافی ہے، درجہ اولیٰ یا دوم کی تمام کتب ان روایات سے خالی ہیں۔

سچی بات تو یہ ہے کہ ولادت رسول صلی اللہ علیہ وسلم سے متعلق یہ روایات سرے سے ہی غیر مستند اور موضوع ہیں ان کو وضع کرنے والے قصاص اور واعظین ہیں جنہوں نے اپنے بیانات کو پرکشش بنانے کے لئے ایسے جھوٹے واقعات کا سہارا لیا اسی وجہ سے ان قصہ گو واعظین کو امام ابن الجوزی رحمہ اللہ "معظم البلاء" کہتے تھے

ان روایات کے وجود میں آنے کا ایک سبب یہ بھی تھا کہ واعظین حضرات نے اپنے تخیلات کی بنیاد پر رسول اللہ صلی اللہ علیہ وسلم کی پیدائش کو دل کش بنانے کے لئے شاعرانہ انداز میں بیان کرنا شروع کیا مثلاً آپ صلی اللہ علیہ وسلم کی پیدائش کے بعد سیدہ آمنہ کا گھر منور ہو گیا، مکہ کے سوکھے درختوں میں بہار آئی، ستارے زمین پر جھک گئے، آسمان کے دروازے کھل گئے، فرشتوں نے اظہار مسرت کیا، شیطان کو باندھ دیا گیا، اس سال مکہ میں کسی لڑکی کی پیدائش نہیں ہوئی وغیرہ وغیرہ۔(سیرت النبی، شبلی نعمانی۔ ص ۳۴۷)

اور بعد کے غیر محتاط قصہ گو افراد نے اس شاعرانہ تخیلات کو بھی امر واقعہ سمجھ لیا۔

بلکہ ہر واعظ اور قصہ گو نے اس میں اپنی طرف سے اضافہ بھی کیا ایسی روایات کی ایک واضح مثال مولانا معین الدین الھروی رحمہ اللہ کی معروف کتاب معارج النبوۃ ہے۔

اسی وجہ سے مشہور مفسر ابو الکلام آزاد نے معارج النبوۃ کے بارے میں لکھا ہے

کہ:

ملا معین الدین الھروی، حکایات طرازی، روایات ضعیفہ و موضوعہ نقل کرنے میں اسرائیلیات اور اخبار یہود وغیرہ میں اپنا جواب نہیں رکھتے انہوں نے انہی سب بے سروپا روایات کو اپنی کتاب معارج النبوۃ میں فارسی میں رنگ وروغن کے ساتھ جمع کر دیا چنانچہ اردو زبان میں جس قدر بھی مولود نامے لکھے گئے وہ سب بالواسطہ یا بلاواسطہ اسی معارج النبوۃ اور ان جیسی کتب سے ماخوذ ہیں۔(ولادت نبوی، ابوالکلام آزاد ص ۸۱)

میلادناموں پر مبنی کتب میں ضعیف ومنکر کے علاوہ موضوع روایات کا ایک انبار ہے ان ہی میں چند مشہور روایات درج ذیل ہیں:

۱۔ محمد صلی اللہ علیہ وسلم کا نور اللہ کے نور سے پیدا کیا گیا ہے۔

۲۔ سب سے پہلے اللہ تعالیٰ نے تمہارے نبی کا نور پیدا کیا۔

۳۔ اے نبی! اگر تم نہ ہوتے تو تو آسمان کو پیدا نہ کرتا۔

۴۔ میں اس وقت بھی نبی تھا، جب آدم علیہ السلام مٹی اور پانی کے مرحلے میں تھے۔

۵۔ صحابہ کرام رضی اللہ عنہم نے پوچھا کہ اللہ کے رسول صلی اللہ علیہ وسلم آپ کی نبوت کب واجب ہوئی، فرمایا جب آدم علیہ السلام روح اور حکم کے درمیان تھے۔

۶۔ جس رات نبی صلی اللہ علیہ وسلم کی ولادت ہوئی اس رات کسری کے محل میں زلزلہ آگیا اور ۱۶ کنگرے گر گئے اور نہر ساوہ خشک ہوگئی اور فارس کا آتش کدہ بجھ گیا۔

الغرض ایسی تمام روایات میں سے ایک بھی روایت قابلِ اعتبار نہیں اسی طرح کا کوئی واقعہ حدیث کی مستند کتب میں منقول نہیں ہے، یہ تمام واقعات اور روایات دلائل معجزات اور تاریخ سیرت کی کتب سے نقل کئے گئے جو بقول علامہ شبلی نعمانی محتاج تنقیح ہیں۔(سیرت النبی، شبلی نعمانی ج ۱ / ص ۸۴)

مشہور مفکر تقی امینی اپنی معروف کتاب حدیث کا درایتی معیار میں میلاد ناموں پر مبنی روایات کی تحقیق کرتے ہوئے رقم طراز ہیں کہ صحابہ کرام رضی اللہ عنہم میں کوئی بھی ایسا نہیں جس کی عمر رسول اللہ صلی اللہ علیہ وسلم کی پیدائش کے وقت روایات بیان کرنے کی ہو اور اگر تمام روایات واقعات مبعوث ہونے کے بعد رسول اللہ صلی اللہ علیہ و سلم نے خود بیان فرمائے ہوتے تو اتنے اہم واقعات کا تذکرہ حدیث کی مستند کتابوں میں ضرور ہوتا، یہ کیسے ممکن ہے کہ تمام بڑے بڑے محدثین کرام رحمہم اللہ متفقہ طور پر آپ صلی اللہ علیہ وسلم کی پیدائش اور ایام طفولیت کے دلائل نبوت کو نظر انداز کر دیتے اگر یہ واقعات عوام میں ایک حقیقت کے طور پر مشہور ہوتے تو اعلان نبوت کے بعد آپ صلی اللہ علیہ وسلم کو تبلیغ رسالت میں جس قدر دشواریاں پیش آئیں وہ نہ آتیں بلکہ ہر شخص ان واقعات کی شہرت کی بناء پر ایمان لانے پر مجبور ہوتا۔ (ص ۲۰۸)

***

کیا اصلاح معاشرہ ابھی بھی ممکن ہے؟

اسلام بین الاقوامی مذہب ہے اور اس کی تعلیمات بھی اس امر کا مظہر ہیں کہ ان کا تعلق صرف اہل اسلام سے نہیں بلکہ غیر مسلم حضرات کے لیے بھی اس میں باقاعدہ رہنمائی موجود ہے۔ یہ بات واضح ہے کہ غیر مسلم حضرات نے جب بھی اسلام قبول کیا اس میں سب سے بڑی وجہ قرآن مجید کا مطالعہ اور دوسری اہم وجہ اہل اسلام کا مثالی کردار رہا ہے چنانچہ انسانیت نے ان کے عمل اور کردار سے متاثر ہو کر اسلام کو گلے لگایا۔

لیکن افسوس اپنے اسلاف کی شاندار تاریخ سے قطع نظر اگر ہم عصر حاضر کے اہل اسلام کی طرف دیکھیں تو صد افسوس اسلام کے ماننے والے اسلامی تعلیمات سے دور ہوتے جا رہے ہیں، اور سچی بات تو یہ ہے کہ تعلیمات اسلامی پر عمل تو ایک طرف رہا ہماری اکثریت نے تعلیمات اسلامی کو من مانی تشریحات دیکر اسے اسلام کا نام دینا شروع کر دیا ہر فرقہ اور ہر مسلک اپنے نظریات کے مطابق اسلام کی آفاقی تعلیمات کو اپنے فرقہ کی مزعومہ حقانیت بیان کرنے میں استعمال کر رہا ہے یعنی یہ کہا جاسکتا ہے کہ زندگی کے ہر شعبے میں ہم نے اسلامی تعلیمات کو نظر انداز کر رکھا ہے اس کا تعلق عقائد سے ہو یا عبادات سے یا پھر معاملات سے ہو یا اخلاقیات سے متعلق، معاشرت و معیشت الغرض زندگی کا ہر شعبہ اسلامی تعلیمات کی حقیقی روح سے خالی نظر آتا ہے۔

وہ دین جس کی اساس توحید ہے اور رسول اللہ صلی اللہ علیہ وسلم نے اپنی مکمل پیغمبرانہ زندگی اثبات توحید اور بطلان شرک کے بیان میں صرف کر دی، یہاں تک کہ

زندگی کے آخری ایام میں انبیاء کی قبروں کو عبادت گاہ بنا لینے پر یہود و نصاریٰ کو مطعون کرتے ہوئے دعا کی تھی کہ 'اے اللہ میری قبر کو عبادت گاہ نہ بنانا- لیکن آج دیکھا جائے تو اسی دین کے ماننے والے اور اسی رسول کے پیروکاروں کا عمل دیکھیں اور پاکستان کے ہر شہر میں ایسے مناظر کثرت سے نظر آئیں گے جس کی نفی اور تردید کے لیے پیغمبر اسلام نے اپنی پوری زندگی صرف کی یعنی دن رات قبروں پر نذریں چڑھانا مردوں کو مشکل کشا، حاجت روا اور غوث اعظم تصور کرنا۔

اور توحید اور رسالت کے تصور کا حسن تو مسخ ہوا ہی عبادات کی عالمگیریت کو بھی اپنے مزعومہ نظریات کے تحت محدود کر دیا یعنی وہ دین جس میں نماز، زکاۃ، روزہ اور حج بنیاد اور اساس تھی اور اگر ہم نماز کی ہی بات کریں تو اس کی یہی اہمیت کافی تھی کہ اسے عطا کرنے کے لیے خالقِ کائنات نے اپنے حبیب کو اپنے پاس بلایا تھا لیکن صد افسوس ہماری اکثریت نے اس کی عالمگیریت کو مسخ کر دیا کہ اب نماز ایک نہ رہی بلکہ حنفی نماز، شافعی نماز، حنبلی نماز اور مالکی نماز بلکہ اب تو فقہ جعفریہ کی نماز بھی سامنے آچکی ہے آخر کیا امر مانع ہے کہ نماز جیسی عبادت میں ہم ایک نہیں اختلافات کی عملی شکل بن چکے ہیں سارا دن وطن عزیز میں اذانیں ہوتی رہتی ہیں فلاح کی طرف بلایا جاتا ہے لیکن نہ فلاح نظر آتی ہے اور نہ ہی خیر یہی وجہ ہے کہ مساجد صرف نماز کی ادائیگی کی جگہ بن چکی ہیں اور جبکہ دین اسلام میں مساجد ہماری مکمل زندگی کا محور اور مرکز ہے۔ اور یہ اس وقت تک نہیں ہو گا جب تک ہم اپنی نمازیں ایک نہیں کریں گے اور ایک ہونے کا طریقہ صرف ایک ہے اور وہ ہے کتاب و سنت کی براہ راست رہنمائی جس میں کوئی شخصیت پرستی نہ ہو اور تقلید کی وجہ سے دین اسلام کی آفاقی تعلیمات کو مشرف بہ مسلک نہ کیا جاتا ہو۔

وہ دین جس کی حقیقی پہچان اخلاقیات عظیم باب تھا اور جس کی تکمیل کے لیے رسول اللہ صلی اللہ علیہ وسلم مبعوث کیے گئے تھے وہ دین جس نے معاملات کو اصل دین قرار دیا تھا، آج اسی دین کے ماننے والے اخلاقیات اور معاملات میں اس پستی تک گر چکے ہیں کہ عدالتوں میں مقدمات کی بھرمار ہے کہ ججز حضرات کم پڑ رہے ہیں۔ ہر کاروباری محض دنیاوی فوائد کے حصول کے لیے جھوٹ کو اپنی کاروباری مہارت گردانتا ہے فائدہ ہو تو بہت فخر سے اپنا کارنامہ بتایا جاتا ہے اور نقصان ہو تو وہ اللہ تعالی کے کھاتے میں کہ اللہ تعالی کی مرضی۔ الاماں والحفیظ۔ منشیات کے بازار، ہوس کے اڈے، شراب خانے، جوا، چوری، ڈاکہ زنی، قتل و غارت گری، رشوت خوری، دھوکہ دہی، بددیانتی، جھوٹ، ملاوٹ، ناپ تول میں کمی آخر وہ کون سی اخلاقی بیماری ہے جو ہم میں نہیں پائی جاتی؟

اور اگر معاشرتی زندگی کی طرف دیکھا جائے تو جہیز کی لعنت، لڑکیوں کی وراثت کا مسئلہ، طلاق کا غلط استعمال اور ہندوانہ رسم و رواج کا اختیار کرنا ذات پات کے مسائل اور مسلکی تعصب و نفرت نے ہمیں تباہ برباد کر کے رکھ دیا ہے بقول کسے:

تن ہمہ داغ داغ شد

پنبہ کجا کجا نہم

"پورا جسم زخم آلود ہے، مرہم کہاں کہاں لگائیں"

اور صاف بات ہے کہ آج مبلغین کی کثرت کے باوجود اسلام کی اشاعت محدود ہو گئی ہے اغیار کی اسلام پر انگشت نمائی نے اسلامی تعلیمات کی عالمگیریت اور آفاقیت کو مشکوک بنا دیا ہے۔

یہ ہماری داخلی پستی کا حال ہے تو اس سے دشمنان اسلام کیوں نہ فائدہ اٹھائیں انہوں نے ہمہ جہتی یلغار کے ذریعے دین اسلام کی حقانیت اور مسلمانوں کو دہشت گرد بنانے کا

عمل انتہائی شد و مد سے جاری رکھا ہوا ہے۔ اس کا سب سے بڑا مظہر امت کے نونہالوں کے ساتھ فکری جنگ جو نصاب کے ذریعے کی جارہی ہے ہمارے ارباب حکومت کو اس امر کا علم ہی نہیں کہ ہمارے نصاب کی ترجیحات کیا ہونی چاہیے اور یہ مستقبل کے معماروں کی تربیت اور نشوونما میں اس اساس کی صورت ہے اور اس میں تخریب کاری خارجی سطح پر یہود وہنود اور ان کے ناجائز بچے اور داخلی سطح پر قادیانیت اور مختلف این جی اوز جن کا مقصد ہی وطن عزیز کو ختم کرنا ہے۔

حیران کن امر تو یہ ہے کہ سیادت عالم کے دعوی دار اس امر کی اہمیت کو ہی نہیں جان سکے کہ بین الاقوامی سطح پر انہیں مرکزیت کی کس قدر ضرورت ہے میڈیا، معیشت اور سیاست اگر ان تین نکات پر ہی اگر امت مسلمہ فکری اور عملی طور پر اپنے اصل اور حقیقی محور پر گردش شروع کردے تو ممکن ہے کہ ہم اپنی تاریخ کو دھرا سکیں لیکن عالمی میڈیا یہودیوں کے ہاتھ میں اور عالمی معیشت گر یہود اور طرز حکمرانی یہودیانہ ﴿لفظ یہودی۔ الکفر ملۃ واحدۃ۔ کے پس منظر میں دیکھا جائے﴾

کیا ان حالات میں بھی اصلاح معاشرہ کی ضرورت نہیں ہے؟

المیہ تو یہ ہے کہ اس بات کا اعتراف تو سب کرتے ہیں لیکن حاملان اصلاح خود محدودیت کے راہی نیتجتاً مصلحین خود عاجز و قاصر نظر آرہے ہیں یا انہیں جزئیات میں الجھادیا گیا کہ ایک فرد ایک جزئی فقہی حکم کے اثبات میں مکمل کتاب تصنیف کردیتا ہے اور اسے اپنی زندگی کا عظیم کارنامہ قرار دیتا ہے پھر جواب آں غزل کے طور پر کچھ لکھا جاتا ہے پھر اس کا جواب اور محض اسے ہی حق کی نشرواشاعت سمجھ لیا جاتا ہے۔ اس کی ایک اہم وجہ یہ بھی ہے کہ ہمارے بعض علماء ترجیحاتِ دین کو نظر انداز کرکے فروع مسائل میں مناظروں اور مباحثوں میں مشغول ہیں جس کی وجہ سے علم کا استحصال ہو رہا

ہے اور معاشرہ دن بدن پستی کا شکار ہوتا جارہا ہے۔

اس سے یہ نہ سمجھا جائے کہ اصلاح کی کوششیں نہیں کی جارہی۔ اصلاح معاشرہ کی کوششیں ہر سطح پر ہو رہی ہیں، اجتماعات، کانفرنسیں، جلسے اور سیمینارز یہ سب اصلاح احوال کے لیے کی جانے والی مختلف جہود کے مناظر ہیں لیکن نتائج اس مقدار میں نہیں ظاہر ہو رہے جس مقدار میں یہ جہود کی جارہی ہیں۔

اگر میں یہ کہوں کہ مطلوبہ اہداف حاصل نہ ہونے کی سب سے بڑی وجہ یہ ہے کہ یہ مناظر محض ہماری جماعت کی نمائندگی کرتے ہیں اور ہماری جہود کا محور صرف اپنی جماعت کی خدمت ہوتا ہے یہی وجہ ہے کہ روحِ اخلاص سے خالی ہوتے ہیں۔ اب اصل سوال تو یہ ہے کہ کیا کوئی ایسا لائحہ عمل بنانا ممکن ہے جو امت مسلمہ کے فکری جمود کو توڑ سکے اور اصلاح معاشرہ کے لیے کی جانے والی جہود کے فوائد نظر بھی آئیں؟

بالکل ہمارے پاس ایسا مکمل حل موجود ہے جو مردہ دلوں کو زندگی بخش سکتا ہے اس کی بنیاد اس بات پر ہے کہ ہم اصلاح امت کے لیے اسی نسخہ کیمیا کو اپنائیں جسے اپنا کر ہمارے اسلاف کامیاب ہوئے تھے۔ اس ممکنہ حل کا تعلق تین جہات سے ہے جس کی تفصیل درج ذیل ہے:

اول: اولین مدرسہ یا تربیت گاہ کی تربیت کا مکمل اہتمام یعنی علاقائی سطح پر ماں اور باپ کی فکری تربیت کیا جائے کہ ان کی گود اور آغوش بنیاد اور اساس ہے۔

دوم: سکول میں معماران مستقبل کی نظریاتی تربیت کا اہتمام ابتدائی سطح سے کیا جائے۔

سوم: مساجد کو اس کا حقیقی مقام دیا جائے یعنی صرف دیگر مذاہب کی عبادت گاہوں کی طرح اسے محض ایک عبادت گاہ نہ بنایا جائے اور یہ اسی وقت ممکن ہے جب علماء و

خطباء اور داعیانِ دین فروعی معاملات پر تحقیق کرنے اور مناظروں ومباحثوں میں وقت ضائع کرنے کے بجائے ترجیحاتِ دین پر توجہ دیں۔ اور اگر مجھ سے پوچھا جائے کہ ان تینوں میں سے سب سے اہم کون سا مرحلہ ہے جس کے بغیر اصلاح معاشرہ ممکن ہی نہیں تو میں بلا جھجھک نکتہ نمبر تین کا انتخاب کروں گا۔

۱ اور اس حوالے سے مساجد کے عملی کردار کے صرف ایک پہلو یعنی خطبہ جمعہ کی فعالیت کو بحال کرنا

۲ اس کے لیے ضروری ہے کہ مساجد میں امام و خطیب کے تعیین میں مسلکانہ تعصب سے کام نہ لیا جائے اور ایسے ائمہ وخطباء کا انتخاب کیا جائے جو نیک اور صالح ہونے کے ساتھ عصری علوم پر دسترس نہیں تو کم از کم واقفیت ضرور رکھتے ہوں تاکہ عوام کی صحیح رہنمائی کر سکیں۔

۳ اس کے بعد ناظرہ قرآن اور قرآن فہمی کے لیے ہر محلہ کی مسجد میں حلقے قائم کیے جائیں،

۴ عوامی دروس کا بکثرت اہتمام کیا جائے

۵ ناخواندہ حضرات کو ضروریاتِ دین سے واقف کرانے کے لیے تعلیم بالغان کا اہتمام کیا جائے۔

۶ اصلاح معاشرہ میں خواتین کے بنیادی کردار کو بحال کرنے کے لیے علیحدہ خواتین کے لیے دینی اجتماعات کا نظم کیا جائے،

۷ گھر کے اندر ماں کے کردار کو فعال کیا جائے،

۸ گھر میں بچوں کو دینی ماحول فراہم کیا جائے،

۹ دینیات پر مشتمل کتابوں کی چھوٹی لائبریری بنائی جائے۔

۱۰ عیسائی مشینریز کے زیر اہتمام چلنے والی درسگاہوں میں بچوں کو تعلیم دلانے کی بجائے ایسے سکولز کے انتظامات کیے جائیں جہاں دینی ماحول ہو۔

تلک عشرۃ کاملۃ لیکن ان سب کی بنیاد وہ ندائے ربانی ہے کہ اے ایمان والو وہ بات کیوں کہتے ہو جس پر خود تمہارا اپنا عمل نہیں۔ تو ہر شخص کو دوسروں کی اصلاح کے لیے فکر مند ہونے سے پہلے اپنا احتساب کرنا ہو گا، خود کو بدلنا ہو گا۔ کیونکہ افراد سے ہی معاشرہ بنتا ہے۔ فرد کی جب تک اصلاح نہ ہو گی معاشرے کی اصلاح کا خواب شرمندہ تعبیر نہیں ہو سکتا۔

***

علم تاریخ کے لیے اصول و ضوابط کی اہمیت و ضرورت

اللہ تعالیٰ نے اسلام کو دائمی دین کی حیثیت دی اس اعتبار سے ابدی نجات کا انحصار دین اسلام کی تعلیمات پر عمل کی صورت میں ہی ممکن ہے اور دین اسلام کی تعلیمات پر عمل اسوہ حسنہ کو اختیار کیے بغیر ناممکن ہے اور آپ ﷺ کے اسوہ حسنہ کو بنی نوع انسان تک پہنچانے کا اہم ترین فریضہ کائنات میں انبیاء کے بعد مقدس ترین گروہ صحابہ کرام رضوان اللہ علیہم اجمعین نے انجام دیا۔ گویا کہ اسلام کی عمارت صحابہ کرام کے خوبصورت کردار پر تعمیر ہے جو کہ تا قیامت انسانیت کے لیے مشعل راہ بن چکے ہیں اس کی صرف ایک ہی وجہ ہے اور وہ یہ کہ ان لوگوں نے دین متین کی نشر و اشاعت اور تحفظ و تقویت کے لیے جو قربانیاں دیں وہ ان خوبصورت وجودوں کے اخلاص، اسلام کی حقانیت اور اس کے دوام کا بین و واضح ثبوت ہے۔

اس مقدس جماعت کی فضیلت قرآن مجید، احادیث نبوی اور اجماع امت سے ثابت ہے کیونکہ یہ وہ جماعت ہے جس نے رسول اللہ صلی اللہ علیہ وسلم کے زیر سایہ تربیت پائی ہے اور آپ کے انفاس قدسیہ کی پاکیزگی و حرارت کو براہ راست محسوس کیا ہے انہیں کے ذریعے کتاب و سنت اور اسوہ نبویہ کا تحفظ ہوا اور یہ امانت آئندہ نسلوں تک پہنچی اسلام کی پہلی صدی کی تاریخ اس امر پر گواہ ہے۔

تاریخی روایات کی رو سے صحابہ کرام کے مابین کچھ ایسے واقعات رونما ہوئے جن سے انہیں معصوم عن الخطا نہیں سمجھا جا سکتا اور اگر کسی کو استبعاد ہو اور آج کوئی ان

واقعات کی بنیاد پر ان کے اخلاص پر شبہ کرے اور انہیں دنیا کا طلبگار بتائے تو اس سے بڑا ظلم کیا ہو سکتا ہے؟

صحابہ کرام کے مابین رونما ہونے والے ان واقعات کے بارے میں کچھ بھی لکھنے سے قبل مناسب معلوم ہوتا ہے کہ خطیب بغدادی رحمہ اللہ کا اپنی معروف تالیف "الکفایہ" میں اور ابن حجر عسقلانی رحمہ اللہ کا اپنی معروف تالیف "الاصابہ" میں صراحتاً موقف بیان کر دیا جائے کہ صحابہ کرام رضوان اللہ علیہم اجمعین کی عدالت کا ثبوت فرمان باری تعالی اور ارشادات نبوی سے ہوا ہے اس لیے اس میں کسی شک اور شبہ کی کوئی گنجائش نہیں۔

تفصیل کے لیے سورۃ آل عمران آیت نمبر ۱۱۰، سورۃ بقرۃ آیت نمبر ۱۴۳، سورۃ الفتح آیت نمبر ۱۸ اور ۲۹، سورۃ الحشر آیت نمبر ۸ اور ۹ وغیرہ ملاحظہ کی جا سکتی ہیں واضح رہے کہ یہ بطور مثال ہیں ورنہ قرآن مجید کی آیات کی بہت بڑی تعداد صحابہ کرام کی فضیلت پر بین گواہ ہے۔

خطیب بغدادی رحمہ اللہ لکھتے ہیں: صحابہ کرام کی فضیلت سے متعلق احادیث کا سلسلہ وسیع ہے اور ان سب کی قرآن مجید سے بھی تائید ہوتی ہے اور صحابہ کرام کی عدالت و پاکیزگی کا ثبوت ملتا ہے اور اس تعدیل کے بعد پھر کسی انسان کی طرف سے تعدیل کی ضرورت نہیں رہ جاتی لیکن بالفرض اگر صحابہ کے بارے میں اللہ اور اس کے رسول کی طرف سے تعریف وارد نہ ہوتی تو ہجرت، جہاد، دین کی مدد، جان و مال کی قربانی، مشرک آباء و اولاد کا جہاد میں قتل، دین کی راہ میں خیر خواہی اور ایمان و یقین کی قوت وغیرہ ایسے اوصاف ہیں جو ان کی عدالت و پاکیزگی کے لیے کافی ہیں اور وہ اس طرح سب سے بہتر قرار پاتے ہیں۔

بلکہ امام ابوزرعہ الرازی رحمہ اللہ فرماتے ہیں: جب تم کسی شخص کو صحابہ کرام کی نشان میں تنقیص کرتے ہوئے دیکھو تو یقین کر لو کہ وہ بے دین یعنی زندیق ہے کیونکہ ہمارے نزدیک رسول اللہ ﷺ اور قرآن مجید دونوں برحق ہیں اور قرآن و سنت کو ہم تک پہنچانے والے یہی صحابہ ہیں اور زنادقہ یہ چاہتے ہیں کہ صحابہ کرام کو مجروح کر کے کتاب و سنت کو باطل ٹھہرا دیں۔

صحابہ کرام رضوان اللہ علیہم اجمعین کے حوالے سے اہل سنت و جماعت کا موقف کیا ہونا چاہیے اس بارے میں شیخ الاسلام ابن تیمیہ رحمہ اللہ اپنی مشہور و معروف تصنیف ۔" العقیدہ الواسطیہ " میں رقم طراز ہیں :

اہل سنت و جماعت کے اصول میں یہ امر بھی شامل ہیں کہ وہ صحابہ کرام رضی اللہ عنہم کے بارے میں کسی بھی نازیبا بات سے اپنے دل اور زبان کو محفوظ رکھتے ہیں جیسا کہ درج ذیل آیت میں اللہ تعالی نے ان کی یہ صفت بیان کی ہے: اللہ تعالی فرماتے ہیں: اور جو ان کے بعد آئے ہیں جو کہتے ہیں کہ اے ہمارے رب تو ہمیں بخش دے اور ہمارے ان بھائیوں کو بھی جو ہم سے پہلے ایمان لا چکے ہیں اور ہمارے دلوں میں ان کے تعلق سے کوئی بغض نہ رکھ اے ہمارے رب بیشک تو بڑا مہربان اور رحم کرنے والا ہے (سورۃ الحشر آیت نمبر ۱۰)

نیز اہل سنت و الجماعت رسول اللہ صلی اللہ علیہ وسلم کے اس حکم کی تعمیل کرتے ہیں: میرے صحابہ کو گالی مت دو اس ذات کی قسم جس کے قبضہ قدرت میں میری جان ہے تم میں سے اگر کوئی احد پہاڑ جتنا سونا خرچ کرے تو ان کے ایک مد یا نصف مد کی فضیلت کو نہیں پا سکتا۔ (بخاری ۳۶۷۳، مسلم ۲۵۴۰)

اور اسی باب میں فرماتے ہیں کہ: اہل سنت و الجماعت شیعوں کے طور و طریقہ سے

براءت کا اعلان کرتے ہیں جو کہ صحابہ کرام سے بغض رکھتے ہیں اور انہیں سبّ و شتم کرتے ہیں۔

اور سب سے خوبصورت بات آپ نے صحابہ کرام کے باہمی اختلافات کے بارے میں اہل سنت و جماعت کا عقیدہ بیان کرتے ہوئے لکھی:

کہ اہل سنت و جماعت صحابہ کرام کے مابین پیش آمدہ اختلافات کے سلسلہ میں توقف اختیار کرتے ہیں اور یہ کہتے ہیں کہ ان کے مثالب میں جو روایات مروی ہیں ان میں سے کچھ کی حیثیت تو صرف کذب و بہتان کی ہے اور بعض میں کمی و بیشی کر کے انہیں اصلی حقیقت سے پھیر دیا گیا ہے اور جو صحیح روایات مروی ہیں ان کے تعلق سے صحابہ کرام معذور ہیں وہ اس طرح کہ انہوں نے حق تک پہنچنے کے لیے اجتہاد کی تو کسی کا اجتہاد درست نکلا اور کسی کا غلط۔

لیکن اس کے باوجود اہل سنت یہ عقیدہ نہیں رکھتے کہ ہر صحابی تمام چھوٹے بڑے گناہ سے معصوم و محفوظ ہے بلکہ عمومی طور پر ان سے گناہ سرزد ہو سکتے ہیں لیکن انہیں میں سے بعض کو وہ فضیلت و برتری حاصل ہے کہ ان سے اگر کسی قسم کا گناہ سرزد ہو بھی جائے تو فضیلت و برتری باعث مغفرت ہو گی بلکہ ان کی وہ لغزشیں بخش دی گئی جو ان کے بعد کے لوگوں کے لیے قابل معافی نہیں کیونکہ ان کے پاس گناہوں کی مغفرت کے لیے اعمال تھے جو بعد میں آنے والوں کو حاصل نہیں ہو سکتے۔

اور کچھ سطور کے بعد لکھتے ہیں کہ: ساتھ ہی یہ بھی ملحوظ خاطر رہے کہ بعض صحابہ کرام کی جو غلطیاں گنوائی جاتی ہیں وہ ان کے فضائل و محاسن یعنی ان کے ایمان باللہ، ایمان بالرسول، اللہ کی راہ میں ہجرت و جہاد، نصرت دین، علم نافع اور عمل صالح کے مقابلہ میں انتہائی تھوڑی اور معمولی ہیں۔ (العقیدہ الواسطیہ)

صحابہ کرام رضوان اللہ علہیم اجمعین کے اختلافات کے حوالے سے امام ابن العربی رحمہ اللہ کی معرکۃ الآراء تصنیف "العواصم من القواصم" کا مطالعہ از مفید ہو گا جو کہ محب الدین خطیب کے حواشی کے ساتھ چھپ چکی ہے اور اس کا اردو ترجمہ بھی ہو چکا ہے۔

اس تمہید کے بعد ہمیں یہ بات کہنے میں کوئی حرج نہیں کہ علوم اسلامیہ کی تدوین و تشکیل صحابہ کرام رضوان اللہ علہیم اجمعین اور ان کے مایہ ناز تلامذہ کے ہاتھوں ہوئی۔ انہی علوم میں سے ایک علم "علم تاریخ" بھی ہے۔ علم تاریخ بھی ایک امانت ہے اسلام کی تعلیم یہ ہے کہ اس کے ماننے والے علمی مسائل میں انصاف و دیانت کے جذبات کا دامن ہاتھ سے نہیں جانے دیتے۔ محبت یا نفرت کے جذبات سے مغلوب ہو کر کسی معاملہ کی اصل حقیقت پر پردہ ڈالنے کی کوشش نہ کریں۔ اور اسلام کی رائے میں یہ احتیاط صرف دینی امور ہی میں ضروری نہیں بلکہ تمام قسم کے علمی مسائل اور جملہ معاملات میں انصاف و احتیاط مطلوب ہے اور اسلام ہمیشہ اس سوچ کی مذمت کرتا ہے کہ کسی بھی متعصبانہ مفاد کی وجہ سے واقعات کو توڑ مروڑ کر پیش کیا جائے۔

محدثین کرام رحمہم اللہ کی مخلص جماعت نے اسلامی تعلیمات کی روشنی میں واقعات وروایات کو پرکھنے کے لیے انتہائی مفید اور نتیجہ خیز اصول وضوابط وضع کیے۔ اور انہی اصول وضوابط کی روشنی میں احادیث نبویہ کو پرکھنے کا عظیم ترین کارنامہ انجام دیا گیا۔ لیکن افسوس صد افسوس ان اصولوں کو تاریخی روایات اور اس سے متعلقہ علوم پر منطبق نہیں کیا گیا جس کا سب سے پہلا نتیجہ یہ نکلا کہ اہل اھواء اور اعداء باطنیہ و خارجیہ نے ان روایات میں انتہائی نامناسب تصرفات کیے بلکہ ذاتی محبت و نفرت یا باطل نظریات کی تائید کے لیے بے شمار روایات وضع کی گئی۔ اور واقعات کو بیان کرتے ہوئے الحاق و اضافہ جات کے ذریعے مدعا کو ثابت کرنے کی کوششیں کی گئی لازمی طور پر تحریف و

تاویل کی ان منفی کوششوں کا براہ راست اثر تاریخی روایات پر پڑا چنانچہ تاریخی روایات کے ذخیرہ میں ہر قسم کا رطب و یابس موجود ہے بلکہ جماعت اسلامی کے بانی ابو الاعلی مودودی اپنی متنازعہ ترین کتاب "خلافت وملوکیت" میں ایک مقام پر لکھتے ہیں:

کہ اگر تاریخی روایات کو علم حدیث کے اصولوں پر پرکھا جائے تو ہماری ۹۰ فی صد تاریخ دریابرد کرنی پڑے گی۔(خلافت وملوکیت)

بلکہ تاریخ میں پہلی کتاب تاریخ طبری جس میں واقعات سند کے ساتھ مذکور ہیں لہذا ان روایات کی چھان بین آسان اور ممکن ہو جاتی ہے۔ اس کتاب کو گہری نظر سے دیکھنے والا قاری بآسانی اس حقیقت تک پہنچ سکتا ہے کہ تاریخ طبری میں روایات کی ایک خاصی معقول تعداد (یعنی تقریباً سات سو سے ایک ہزار تک) ایک راوی لوط بن یحیی ابو مخنف سے مروی ہے اور تاریخ طبری میں مذکور اکثر متنازعہ واقعات اسی راوی سے بیان کیے گئے ہیں۔ اگر میں یہ کہوں کہ تو مبالغہ نہ ہو گا کہ تاریخ طبری میں سے ابو مخنف کی مرویات کو حذف کر دیا جائے تو اسلامی تاریخ کے چہرے سے بہت سے بد نما داغ دور ہو جائیں گے۔ گو کہ ایسے واقعات کے بیان کرنے میں ابو مخنف اکیلا نہیں بلکہ اس کے ساتھ واقدی جو ثقہ نہیں ہیں (تھذیب التھذیب ۹/ ۳۶۳، میزان الاعتدال ۳/ ۶۶۲)، سیف بن عمر التمیمی جو متروک اور متھم بالکذب ہے (تھذیب التھذیب ۴/ ۲۹۵، میزان الاعتدال ۲/ ۵۵)، محمد بن سائب کلبی جو کہ کذاب ہے۔(میزان الاعتدال ۳/ ۵۵۶)

اور سب سے حیران کن امر جس کی وجہ آج تک سمجھ میں نہیں آسکی کہ علوم اسلامیہ کی تدوین و تشکیل کے دوران تمام علوم کے اصول و ضوابط وضع کیے گئے بلکہ بعض علوم کی جزئیات تک کے بھی اصول وضع کیے گئے ہیں اصول تفسیر، اصول حدیث اور اصول فقہ اس کی زندہ مثالیں ہیں لیکن علم تاریخ کے آج تک اصول و ضوابط مدون

نہیں کیے گئے۔ تاریخ کی جتنی کتب موجود ہیں یوں محسوس ہوتا ہے کہ بطور تبرک چند باتیں لکھ دی گئی ہیں ان کی عملاً تطبیق کہیں نظر نہیں آتی یہی وجہ ہے کہ مقدمہ ابن خلدون اور تاریخ ابن خلدون میں واضح اور بین فرق نظر آتا ہے کہ ابن خلدون نے جن اصولوں اور ضوابط کا ذکر مقدمہ میں کیا ہے جب تاریخ لکھی تو ان کی تطبیق کہیں بھی نظر نہیں آتی۔

اور ایک دوسری مثال "تاریخ خلیفہ بن خیاط" کی ہے۔ امام خلیفہ بن خیاط امام بخاری رحمہ اللہ کے اساتذہ اور معتبر محدثین میں شمار کیے جاتے ہیں خلیفہ بن خیاط حدیث کو بیان کرنے کے لیے سند کا بطور خاص اہتمام کرتے ہیں لیکن تاریخی روایات کو بیان کرتے وقت سند کے ذکر میں تساہل پسندی سے کام لیتے ہیں کیونکہ حدیث کی اہمیت زیادہ ہے اور احکام کا تعلق بھی حدیث سے ہے جبکہ تاریخی روایات پر احکام کا عمل دخل نہیں لہذا اپنی تاریخ میں ایسی روایات بھی بیان کر دیں جن کی اسناد میں انقطاع یا ارسال پایا جاتا ہے اور اس حوالے سے انہوں نے بعض ایسے مجروح رواۃ سے بھی روایات بیان کی جن کی احادیث محدثین کے نزدیک غیر مقبول ہوتی ہیں۔

سچ تو یہ ہے کہ تاریخی روایات کا تعلق بھی اسی مبارک ہستی سے ہے جس کے فرامین ہمارے لیے قابل اتباع ہیں حیران کن امر تو یہ ہے کہ جس مبارک ہستی صلی اللہ علیہ وسلم کے اقوال ہمارے لیے حجت ہیں ان سے متعلق روایات کے بیان کرنے میں تساہل پسندی اور لاپرواہی یا ان دونوں میں فرق کرنا سمجھ میں آنے والی بات نہیں کیا اسوہ حسنہ کا تعلق صرف احکام سے ہے یا رسول اللہ صلی اللہ علیہ وسلم کی مکمل حیات مبارکہ کو بیان کرنے والی روایات۔ اور اس تفریق کا سب سے حیران کن پہلو کہ ایک راوی جو حدیث میں ضعیف ہوتا ہے لیکن تاریخ میں امام ہوتا ہے ایسی مثالیں ایک سے زائد پیش

کی جاسکتی ہیں جو ہمارا موضوع نہیں۔

حقیقت تو یہ ہے کہ تاریخ ہمیں ایسے ہی پڑھنی چاہیے جیسے رسول اللہ صلی اللہ علیہ وسلم کی احادیث کو پڑھا جاتا ہے کیونکہ جب ہم کوئی حدیث پڑھتے ہیں تو اس امر کی تحقیق کرتے ہیں کہ یہ بات رسول اللہ صلی اللہ علیہ وسلم سے ثابت بھی ہے یا نہیں تو ہمیں تاریخی روایات کو بھی اسی طرح پرکھنا چاہیے لیکن مشکل یہ ہے کہ تاریخ میں بہت سی ایسی روایات ملتی ہیں جن کی سند ہی نہیں اور سند ملتی بھی ہے تو اس کے رواۃ غیر معروف اور مجہول الحال جس کی وجہ سے یہ پتہ ہی نہیں چلتا کہ اہل علم نے ان کی مدح کی ہے یا مذمت۔

لہذا تاریخ کا معاملہ حدیث سے بھی زیادہ دشوار ہو گیا لیکن اس کا یہ مطلب ہر گز نہیں کہ ہم اس میں تساہل سے کام لیں اور بلا تحقیق تاریخی روایات کو قبول کرتے چلے جائیں۔ اس مرحلے پر سب سے بڑا سوال یہ ہمارے سامنے آجاتا ہے کہ اس طرح تو ہماری تاریخ کا بہت بڑا حصہ ضائع ہو جائے گا۔ اول تو یہ مفروضہ ہی صحیح نہیں لیکن بفرض محال اگر ایسا ہے بھی تو ہمارے لیے دین اسلام کی مبارک ہستیوں کی عفت و عصمت اہم ہونی چاہیے یا ان ضعیف روایات کا وجود کا باقی رہنا۔ لیکن ایسا نہیں ہو گا اس تحقیقی عمل کے بعد ہماری تاریخ نکھر کر سامنے آجائے گی۔

تاریخی روایات کی پرکھ میں اصل معیار کو ہر صورت میں مد نظر رکھنا ہے اور اس اصل کا تعلق صحابہ کرام رضوان اللہ علیہم اجمعین سے ہے اور وہ یہ کہ اللہ تعالی اور اس کے مقدس رسول صلی اللہ علیہ وسلم نے صحابہ کرام کی جو توصیف بیان کی اس کا ماحصل یہ ہے کہ صحابہ کرام عادل ہیں۔ اب کوئی ایسی روایت ملے جس میں اصحاب رسول پر حرف آتا ہو تو اصول تو یہ ہے کہ اس کی سند دیکھی جائے اگر سند صحیح ہے تو اس کا صحیح مطلب و

توجیہہ تلاش کی جائے اور اگر سند ہی ضعیف ہے تو الحمدللہ۔ لیکن اگر اس کی سند نہیں ملتی تو ہمارے پاس ایک اصل موجود ہے اور وہ ہے صحابہ کرام کا عادل ہونا جو کتاب و سنت سے ثابت ہے۔

اس کی ایک واضح مثال سیدنا علی و معاویہ رضی اللہ عنہم کے مابین رونما ہونے والے اختلافات کے حوالے سے بیان کردہ واقعات میں سے ایک مشہور واقعہ تحکیم بھی ہے جس کے مندرجات صراحت کے ساتھ قرآن مجید کی توہین پر مبنی ہیں اس کے باوجود ہم اس واقعہ سے متعلق روایات کا رد کرنے پر تیار نہیں کم از کم اردو میں جتنی بھی کتب لکھی گئی ان سب میں واقعہ تحکیم کم و بیش ضعیف تاریخی روایات سے ماخوذ ہے جس میں صحابہ کرام رضوان اللہ علہیم اجمعین (نعوذ باللہ و استغفر اللہ من ھذہ الھفوات) میں سے رسول اللہ صلی اللہ علیہ وسلم کے تربیت یافتہ افراد ایک دوسرے کو دھوکہ دیتے ہوئے اور سب وشتم کرتے ہوئے نظر آتے ہیں۔ جبکہ قرآن مجید نے صراحت کے ساتھ اعلان کیا: محمد اللہ کے رسول ہیں اور ان کے ساتھ جو لوگ ہیں وہ کفار پر شدید ہیں اور آپس میں ایک دوسرے کے ساتھ محبت کرنے والے ہیں (سورۃ محمد)

اس طرح کی مثالیں لکھی جائیں تو کتابوں کی کتابیں بھر جائیں گی لیکن مثالیں ختم نہیں ہوں گی۔ لہذا یہ کہا جا سکتا ہے کہ آج تک ایسی کوئی جامع کاوش نہیں ہوئی جس کے تحت مسلمانوں کی تاریخ کو حشو و زوائد سے پاک کیا جاسکے ایک یہی طریقہ کار ہے جو ہمیں اعداء باطنیہ و خارجیہ کی دسیسہ کاریوں سے محفوظ رکھ سکتا ہے۔

ہماری تاریخ میں ایک غالب عنصر جو اکثریت سے نظر آتا ہے وہ اموی دشمنی پر مبنی ہے یعنی خاندان بنو امیہ کے افراد کی تنقیص کا پہلو عمومی طور پر اس طرح بیان کیا جاتا ہے جیسا بنو امیہ باطل کی اکیلی علامت ہو جس کی بنیاد اموی اور ہاشمی خود ساختہ منافرت پر

رکھی گئی ہے۔ یہی وجہ ہے اموی خاندان بطور خاص سیدنا ابو سفیان رضی اللہ عنہ اور ان کا خانوادہ ہر برائی کا مرکز بنا دیا جاتا ہے گویا کہ ان کا اسلام وقتی جذبات کا نتائج تھا یا مفاد پرستانہ تھا۔ اور ان سے متعلقہ تاریخ کو اس طرح پیش کیا جاتا ہے جیسا کفر و اسلام کی جنگ۔

اور افسوس تو اس وقت ہوتا ہے ایسی کتب جو تاریخ پر لکھی گئی ہوں جہاں بھی سیدنا معاویہ اور سیدنا ابو سفیان رضی اللہ عنہم کا نام نامی آتا ہے تو کوئی دعائیہ سابقہ یا لاحقہ نظر نہیں آتا اور اسی کتاب میں دیگر صحابہ کے ناموں کے ساتھ بالا ہتمام دعائیہ کلمات کا سابقہ نظر آتا ہے۔ اموی دشمنی کے پیچھے اصل سبب روافض اور تشیع ہے جن کے اسلامی تاریخ پر اثرات سے کوئی بھی انکار نہیں کر سکتا۔ اللھم احفظنا من کیدھم

***

اسلام کا نظام طہارت

اسلام نے جہاں ہدایت و رشد کے قوانین وضع کیے ہیں وہاں لوگوں کی جسمانی حفاظت کے لیے بھی خاص قوانین وضع کیے جو ان کو تمام امراض سے محفوظ رکھتے ہیں، اسلام کے ان قوانین کی امتیازی کیفیت یہ ہے کہ اس میں روح اور جسم دونوں کے فطری تقاضوں کو مد نظر رکھا گیا ہے اور ان کے مابین ایک مضبوط ربط قائم کیا جو مسلمانوں کو اپنے رب سے اور نزدیک کرنے میں مدو معاون ثابت ہوتا ہے۔

اسلام اپنے ماننے والوں کو مثبت زندگی گزارنے کی تلقین کرتا ہے اور جسمانی طور پر بیمار فرد کو اپنی ذات سے ہی فرصت نہیں ملتی کہ وہ زندگی کے مقاصد پر غور و فکر کرے اور اس انسانی فرض کی ادائیگی کر سکے جو رب العزت کی طرف سے اس پر عائد کیا گیا ہے اور وہ فرائض جو مسلم معاشرہ کے ایک فرد پر عائد ہوتے ہیں تاکہ وہ معاشرے کا ایک مفید شہری بن سکے۔

مریض انسان کمزور ارادہ، ضعف اعضاء، مضطرب فکر اور انتشار اعضاء کا شکار ہوتا ہے جس سے اس کے معاشرہ کو کوئی فائدہ نہیں پہنچ سکتا جبکہ مضبوط اور صحت مند افراد معاشرے کو اپنی ذات سے بھرپور فائدہ پہنچا سکتے ہیں اسی لیے دین اسلام نے جو لوگ جسمانی طاقت کے ساتھ سلیم النفس اور عمدہ اخلاق کے مالک ہوں ان کی تعریف اس طرح کی گئی ہے:

سیدنا شعیب علیہ السلام کی بیٹی کی زبان سے سیدنا موسی علیہ السلام کے متعلق

توصیف بیان کی گئی ہے:

{يَا أَبَتِ اسْتَأْجِرْهُ إِنَّ خَيْرَ مَنِ اسْتَأْجَرْتَ الْقَوِيُّ الْأَمِينُ} (القصص:۲۶)

"اے اباجان آپ ان کو اجرت پر رکھ لیں کیونکہ اچھا ملازم وہ ہے جو مضبوط ہو اور امانت دار بھی ہو"

ایک اور مقام پر ارشاد ہے جو اس امر پر دلالت کرتا ہے کہ جسمانی طاقت قابل تعریف ہے، سیدنا طالوت علیہ السلام کے بارے میں ارشاد ہے:

{إِنَّ اللَّهَ اصْطَفَاهُ عَلَيْكُمْ وَزَادَهُ بَسْطَةً فِي الْعِلْمِ وَالْجِسْمِ وَاللَّهُ يُؤْتِي مُلْكَهُ مَنْ يَشَاءُ وَاللَّهُ وَاسِعٌ عَلِيمٌ} (البقرة:۲۴۷)

"بے شک اللہ تعالیٰ نے تمہارے مقابلے میں ان کو منتخب فرمایا ہے اور ان کو علم (سیاست) اور جسمانی طاقت زیادہ عطا فرمائی اور اللہ تعالیٰ وہ اپنا ملک جس کو چاہیں دیں اور اللہ تعالیٰ وسعت والے اور جاننے والے ہیں"

اس آیت میں بنی اسرائیل سے خطاب کیا گیا ہے اور طالوت کے انتخاب کی دو بڑی وجوہات بیان کی گئی ہیں، ایک وسعت علم جس کے باعث مثبت فکر اور تدبیر امور اور تیر اندازی ہو سکتی ہے، دوم: جسمانی اعتبار سے صحت مند ہونا صحت اور سوچ کے لیے لازم ملزوم ہے۔

ایک حدیث میں بھی مضبوط اور جسمانی صحت کی تعریف کی گئی ہے: رسول اللہ صلی اللہ علیہ وسلم نے فرمایا:

الْمُؤْمِنُ الْقَوِيُّ خَيْرٌ وَأَحَبُّ إِلَى اللَّهِ مِنَ الْمُؤْمِنِ الضَّعِيفِ وَفِي كُلٍّ خَيْرٌ... (مسلم)

"قوی مومن اللہ پاک کے نزدیک ضعیف کی نسبت محبوب اور بہتر ہے اور بھلائی ہر ایک میں ہے"

اور اسلام کی جامعیت و اکملیت کی سب سے بڑی دلیل یہ ہے کہ اسلام نے مسلمانوں پر صحت کے وہ اصول و قوانین فرض قرار دیئے جو عصر حاضر میں طب جدید نے امراض کے واقع ہونے سے قبل ان کی مدافعت کے لئے اساس و بنیاد تصور کرتی ہے اور اگر ایسے امراض پیدا ہو بھی جائیں تو ان سے بچت اور نجات حاصل کرنے کے لیے بھی قوانین وضع کیے گئے اور ان کے علاج کے ضمن میں مکمل ہدایات بیان کیں۔

امراض سے بچاؤ کے لیے قوانین مدافعت

کسی بھی مرض کا بہترین علاج پرہیز میں مضمر ہے حفاظتی تدابیر پر مشتمل طب کا یہ پہلو ترقی یافتہ ممالک میں ایک باقاعدہ علم کی حیثیت سے نشو و نما پا رہا ہے اسلام نے ان حفاظتی تدابیر یا قوانین مدافعت کو درج ذیل تقسیم کے ساتھ بیان کیا ہے:

۱۔ عمومی صفائی

۲۔ کھانے پینے کی اشیاء میں صفائی۔

۳۔ صحت عامہ

۴۔ جسمانی ریاضت

ان قوانین سے ہی اندازہ ہوتا ہے کہ اسلام نے صحت کے حوالے سے تمام ممکنہ جوانب کا احاطہ کیا ہے جن کی تفصیل آگے بیان کی جائے گی۔

۱۔ عمومی صفائی

اسلام نے صفائی کو بہت اہمیت دی ہے جیسا کہ ارشادات نبوی سے یہ امر ظاہر ہوتا ہے، فرمایا:

الطہور شطر الایمان۔

"نظافت (صفائی) ایمان کا جزو ہے"

غالباً نہیں بلکہ یقیناً اسلام ہی وہ واحد دین ہے جس نے اپنے متبعین کو صفائی کی اتنی شدت سے تاکید کی جس کی مثال کسی اور مذہب میں نہیں ملتی۔

اس کی وضاحت درج ذیل امور سے ہوتی ہے

وضو کا فائدہ

اسلام نے نماز ادا کرنے سے پہلے وضو لازمی قرار دیا، اللہ تعالیٰ نے ارشاد فرمایا:

{یَا اَیُّہَا الَّذِینَ آمَنُوا اِذَا قُمْتُمْ اِلَی الصَّلَاۃِ فَاغْسِلُوا وُجُوہَکُمْ وَاَیْدِیَکُمْ اِلَی الْمَرَافِقِ وَامْسَحُوا بِرُءُوسِکُمْ وَاَرْجُلَکُمْ اِلَی الْکَعْبَیْنِ} (المائدہ:٦)

"اے ایمان والو! جب تم نماز کے لیے کھڑے ہونے لگو تو اپنے چہروں کو دھوؤ اور اپنے ہاتھوں کو کہنیوں سمیت دھوؤ اور اپنے سروں کا مسح کرو اور اپنے پیروں کو بھی ٹخنوں تک دھو لیا کرو"

رسول اللہ صلی اللہ علیہ وسلم نے فرائض وضو پر کلی کرنا، ناک کی صفائی اور کانوں کا مسح، ہاتھ اور پیروں کی انگلیوں کے خلال کا اضافہ کیا ہے۔ جب طہارت کا یہ عمل دن میں کم از کم پانچ بار دہرایا جائے تو اس کے مختصر فوائد یہ ہیں:

١۔ آنکھیں مرض امد سے محفوظ رہیں گی جس میں آنکھیں خراب ہو جاتی ہیں، کیونکہ دن میں وہ کئی مرتبہ دھوئی جائیں گی۔

٢۔ ناک کے نتھنوں کا دھلنا زکام سے بچاؤ میں معاون ثابت ہوتا ہے۔

٣۔ اسی طرح چہرے، ہاتھوں اور دونوں کانوں کا دھلنا ان کو جلدی امراض اور

سوزش پیدا کرنے والے امراض پیدا ہونے سے بچاتا ہے۔

غسل کا فائدہ

اسلام نے طہارت کے حصول کے لئے غسل کو سب سے بڑا وسیلہ قرار دیا ہے جو ہر مرد و عورت پر ازدواجی تعلقات کے بعد یا احتلام کے بعد فرض ہے، قرآن مجید میں ارشاد رب العالمین ہے:

{وَاِنْ كُنْتُمْ جُنُبًا فَاطَّهَّرُوا} (المائدہ:٦)

"اگر تم جنبی ہو تو طہارت حاصل کرو"

ازدواجی تعلقات کے بعد غسل سے مرد و عورت دونوں اپنی جسمانی طاقت بحال کر لیتے ہیں اور اس غسل کا روحانی فائدہ یہ ہے کہ مسلمان روحانی طور پر بھی صفائی کی اس کیفیت سے گزرتا ہے جو شہوانی غلبہ سے باز رکھنے میں ممد و معاون ثابت ہوتا ہے۔

دانتوں کی صفائی

بہت سے امراض اس بنیاد پر پیدا ہوتے ہیں کہ دانتوں کی مناسب صفائی نہیں کی جاتی اور وہ جراثیم منہ کے ذریعے معدے میں چلے جاتے ہیں اور معدے اور جگر کے امراض کا سبب بنتے ہیں اس کا اسلام نے ایک مناسب حل تجویز کیا ہے کہ مسواک کی جائے اور اس پر اتنی تاکید فرمائی:

لَوْلَا اَنْ اَشُقَّ عَلَى اُمَّتِي لَاَمَرْتُهُمْ بِسِوَاكٍ مَعَ كُلِّ صَلَاةٍ۔ (متفق علیہ)

"اگر میری امت پر یہ عمل دشوار نہ گزرے تو میں ان کو حکم دیتا کہ ہر نماز سے قبل مسواک کریں"

مسواک دراصل باریک ریشوں پر مشتمل لکڑی ہوتی ہے جسے دانتوں کی صفائی کے لئے استعمال کیا جاتا ہے اور جس کا کوئی نعم البدل جدید سائنس آج تک نہیں دے سکی کیونکہ مختلف مسواک میں بعض سریع الزوال تیل اور مفید اجزاء کا خلاصہ اور معدنی نمکیات پائے جاتے ہیں جن کی وجہ سے مسواک کے مسلسل استعمال کے بعد بے شمار امراض سے بچاؤ ممکن ہو جاتا ہے، کیونکہ دانتوں کی صفائی نہ کرنے سے چند جراثیم پیدا ہوتے ہیں جن میں زہریلے مادے پیدا ہو جاتے ہیں ان کو جب جسم چوستا ہے تو بہت سارے امراض پیدا ہوتے ہیں۔اسی طرح برش کا استعمال بھی اسی غرض سے کیا جاتا ہے۔

ناخنوں اور بالوں کا کاٹنا

اسلام نے جسمانی صحت کے حوالے سے کوئی پہلو نظر انداز نہیں کیا لہذا جسمانی صفائی کو مد نظر رکھتے ہوئے جسم سے زائد بالوں کا مونڈنا اور ناخن کٹوانے کا حکم دیا ہے، رسول اللہ صلی اللہ علیہ وسلم کا ارشاد ہے:

پانچ اشیاء فطری واجبات میں سے ہیں، زیر ناف بال صاف کرنا، ختنہ کرانا، مونچھوں کا کاٹنا، بغل کے بال صاف کرنا اور ناخن کٹوانا۔

فطرت سے مراد سنت ہے جس پر عمل کرنا گویا اپنی طبعی حالت میں واپس آنا ہے بعض نے فطرت سے مراد دین لیا ہے لیکن اگر بنظر غائر جائزہ لیا جائے تو معلوم ہوتا ہے کہ زیر ناف بال کی مستقل صفائی سے بعض جنسی امراض سے یقینی بچاؤ ممکن ہوتا ہے اور جنسی افعال میں اضافہ بھی ہوتا ہے، ختنہ کرانے سے بعض جنسی امراض سے بچاؤ ممکن ہوتا ہے کہ ختنہ نہ کرانے سے صفائی کا عمل ناممکن ہو جاتا ہے، مونچھوں کو کٹوانے سے

ان امراض سے بچاؤ حاصل ہوتا ہے جو کھانے پینے کی اشیاء کا مونچھوں سے لگنے کے بعد پیدا ہوتے ہیں۔ اور اسی طرح بغل کے بال جو ایک بند جگہ پر ہوتے ہیں صفائی کے نہ ہونے کی وجہ سے امراض کا سبب بنتے ہیں اسی طرح ناخن کٹوانا، نہ کٹوانے کی صورت میں ناخنوں میں مضر جراثیم جنم لیتے ہیں جو کھانے پینے کی غذاؤں کے ساتھ جسم میں داخل ہوتے ہیں اور مہلک امراض کا سبب بنتے ہیں

نجاست سے طہارت حاصل کرنا

اسلام نے ہر مضر جراثیم شدہ چیز کو نجس قرار دیا ہے جس سے کوئی بیماری جنم لے سکتی ہو، اس سے طہارت و صفائی حاصل کرنے کا حکم ایک سے زائد مقامات پر آیا ہے۔ اس میں کپڑوں کی پاکیزگی جو عبادات میں فرض ہے۔

وَثِيَابَكَ فَطَهِّرْ۔ (المدثر:۴)

"اور اپنے کپڑوں کو پاک کرو"

یہ امر قابل غور ہے کہ اسلام نے اسے پانی سے طہارت حاصل کرنے کا حکم دیا جو نہ صرف طاہر ہو یعنی پاک ہو بلکہ مطہر بھی ہو یعنی پاک کرنے والا کیونکہ بعض مائعات طاہر تو ہوتے ہیں لیکن مطہر نہیں ہوتے مثلاً: کولڈ ڈرنک یا دیگر مشروب وغیرہ۔

مطہر پانی کی کچھ صفات بھی مقرر کی گئی ہیں۔ جن میں تبدیلی کی صورت میں پاک کرنے والا وصف ختم ہو جاتا ہے مثلاً کسی پانی میں رنگ، بو اور ذائقہ میں سے کسی ایک امر کی تبدیلی اسے اس وصف سے خارج کر دیتی ہے۔ بلکہ اسلام میں طہارت حاصل کرنے کی اس قدر تاکید فرمائی گئی ہے کہ اگر پانی نہ ملے تو پاک مٹی سے تیمم کر لے اور اس کے ساتھ اس قدر احتیاط کا قائل ہے کہ طہارت حاصل کرتے وقت بایاں ہاتھ استعمال ہو

کیونکہ دایاں ہاتھ کھانا کھانے اور مصافحہ کرنے کے لیے استعمال ہوتا ہے۔

ارشاد رسول معظم صلی اللہ علیہ وسلم ہے:

"جب تم میں سے کوئی پانی پیے تو برتن میں سانس نہ لے اور جب بیت الخلاء جائے تو اپنے عضو کو نہ دائیں ہاتھ سے نہ چھوئے اور اپنے دائیں ہاتھ سے صفائی نہ کرے۔ (بخاری)

بلکہ ایک اور مقام پر ارشاد فرمایا:

"جب تم میں سے کوئی اپنی نیند سے بیدار ہو تو اپنا ہاتھ پانی کے برتن میں نہ ڈالے جب تک کہ اس کو تین بار نہ دھولے کیونکہ تم میں سے کسی کو پتہ نہیں کہ اس کے ہاتھ کس جگہ پر لگتا رہتا ہے۔"

۲۔ کھانے اور پینے کی اشیاء میں صفائی

انسانی صحت کا دارومدار اس امر پر ہے کہ وہ جو اشیاء بطور غذا استعمال کر رہا ہے وہ پاک ہوں، ناپاک نہ ہوں جیسا کہ قرآن مجید میں ارشاد ہے:

{یَا اَیُّہَا الَّذِیۡنَ اٰمَنُوۡا کُلُوۡا مِنۡ طَیِّبٰتِ مَا رَزَقۡنٰکُمۡ وَاشۡکُرُوۡا لِلّٰہِ اِنۡ کُنۡتُمۡ اِیَّاہُ تَعۡبُدُوۡنَ (۱۷۲) اِنَّمَا حَرَّمَ عَلَیۡکُمُ الۡمَیۡتَۃَ وَالدَّمَ وَلَحۡمَ الۡخِنۡزِیۡرِ وَمَاۤ اُہِلَّ بِہٖ لِغَیۡرِ اللّٰہِ فَمَنِ اضۡطُرَّ غَیۡرَ بَاغٍ وَّلَا عَادٍ فَلَاۤ اِثۡمَ عَلَیۡہِ اِنَّ اللّٰہَ غَفُوۡرٌ رَّحِیۡمٌ} (البقرہ: ۲:۱۷۲۔۱۷۳)

اے ایمان والو! جو پاک چیزیں ہم نے تم کو عطا کی ہیں ان میں سے جو چاہو کھاؤ اور اللہ تعالیٰ کا شکر ادا کرو اگر تم صرف اس کی عبادت کرتے ہو تو، اللہ تعالیٰ نے تم پر صرف ان چیزوں کو حرام قرار دیا ہے جو مردار ہیں، بہتا ہوا خون اور خنزیر کا گوشت اور ایسے جانور جو غیر اللہ کے لیے ذبح کیے گئے ہوں۔